SOUTHEAST UNIVERSITY
东南大学法学学术文库

东南大学科技出版基金资助

商业贿赂犯罪疑难问题研究

杨志琼 著

法律出版社
LAW PRESS·CHINA

总　序

“大学之道，在明德，在亲民，在止于至善”——“止于至善”四字，正是百年名校东南大学的校训。在历史上，东南大学曾经赢得“北大以文史哲著称、东大以科学名世”之美誉。而今，她正秉承校训精神，不断追求，锐意进取，力图突破以往在理工科方面所取得的卓越形象，而朝着以工为特色、多学科协调发展的综合性大学方向奋力前行。1995 年，东南大学恢复法学专业、成立法律系；2006 年 9 月，东南大学在原法律系的基础上重建法学院。通过创办法学院并大力发展其他人文学科，东南大学正不断体现着集中华人文精神与希腊科学精神为一体的“止于至善”的校训之理念，不达“至善”境界，永不止步。

东南大学法学院虽然恢复重建时日尚短，然而，东大法学却已历经百年淳厚学术传统之浸润。东大法学肇始于民国时期 1928 年 7 月成立的中央大学法学院，首任院长为民国时期著名法学家谢冠生教授。中大法学院人文荟萃，名流云集，为东南法学一时之冠。学界、政界著名人物韩忠谟、钱端升、杨兆龙、梅仲协、史尚宽、刘克镌、曾劭勋、黄正铭、金国鼎、范馨香、韩德培等，或曾任职于中央大学法学院，或就学于中央大学法学院，缔造了东南大学法学曾经的辉煌。

感念先贤中大法学精神，激励当下东大法学学人。当今中国，政治昌明，民生安定；经济腾飞，法治发达。东大法学如何在此盛世之下为中国的法治建设添薪加火，对当下中国法治与经济建设中的重大法律课题作出创造性回应，是今日东大法学学人所面临的历史使命。“东南大学法学学术文库”作为肩负这一历史使命而推出的一套法律丛书，以为社会贡献一批有分量的法学作品为己任，以促进法学的繁荣发展为目的，勉力为我国法制现代化建设尽绵薄之力。

通过出版“东南大学法学学术文库”，亦使社会各界加深对东大法学的了解。当今中国法学出版物急剧增多，各法学院专业院校纷纷推出了体现自身学术风格的法学丛书。然而，这只表明今日社会文明之昌明和法律文化发展之鼎盛，而不代表法学理论著作的社会需求已经饱和。事实上，与飞速发展的我国政治经济生活相比，我国法学理论研究成果的质量与数量都有待提升。金陵古城作为位于当今中国经济最为发达、市场最为广阔、活力最为强盛的长江三角洲中心之腹地，也要求生于斯长于斯的东大法学在法治经济强劲发展的当下时代发出自己的声音。东大法学文库可谓应时而生！众多法学著述的存在不但使东大法学文库的出版平添了百舸争流的竞争意味，也象征着中国法学事业的锦绣篇章又添繁花。通过出版法学文库，使东大法学的学术风貌能够以一种整体的、持续的方式呈现给大家，使社会各界加深对东南大学法学的了解，使以科学名世的东南大学在法科领域再现奇葩！通过出版文库的方式，也答谢所有曾经关心和支持过东大法学发展的前辈和朋友！毕竟，无论是东大法学学人还是东大法学院本身，都需要社会和学界各方面的关爱和帮助！

本套丛书的选题涉及法哲学与法理学、宪法与行政法、民法与商法、经济法、刑法、诉讼法、国际法等法学各个领域。选题范围面向东南大学法学院全体教师征集稿源，重点出版优秀的法学博士学位论文、省部级以上的课题结项成果以及具有创见性的专题论著。本文库坚持以质取文，拒绝平庸之作，确保文库的高品位、高质量。凡纳入文库出版的著作必须由作者本人提出书面申请，经由编委会就专著内容、学术规范等各方面意见综合确定。我们希望，本套丛书能够成为东大法学高层次理论成果得以稳定持续成长的一方园地，成为集中展现东大法学学术传统与今日法学原创力学术作品的窗口！

“百年难得百家评，郁郁文哉动石城。虎踞龙蟠今胜昔，千秋学术在金陵。”期望东大法学学术文库的出版能够成为东大法学事业恢复重建的标志，并能延续东大法学的人文传统，超越过往，引领新时代的法治精神！

《东南大学法学学术文库》编委会

2007 年 6 月 26 日

目录

前 言

在我国，商业贿赂犯罪并不是一个法定概念，而是一个法学概念或犯罪学概念。但商业贿赂犯罪概念的非法定性，并不妨碍我们对它进行研究，或者说正由于它未被确定，所以我们可以从许多不同的角度去理解它。本书正是从新的视角来研究商业贿赂，并最终落脚于它在我国刑法中的应然性规定。

从辞义学的角度讲，商业贿赂犯罪区别于其他贿赂犯罪的主要特征在于"商业"性，因此，有关商业贿赂犯罪基本内涵的研究也应从"商业"性出发。所谓"商业"，即商事活动，是一项极具广泛性的社会活动，它不仅关系到交易双方当事人的切身物质利益，而且关系到社会交易秩序的稳定，因而历来是各国法律规制的重点。一般说来，规制商事活动的部门法包括民法、商法和经济法。其中，民法调整的是以个体为本位，平等主体间的财产关系和人身关系；商法调整的是以社会公共利益为本位，平等主体间营利性的商业流通经济关系；而经济法调整的是以社会整体为本位，国家在管理、组织和协调经济关系中所发生的经济关系。正是由于民法、商法和经济法所调整社会关系的不同以及调整社会关系时手段和原则的差异，使他们共同构成了市场经济立法中"三足鼎立"的结构体系——三者都处于市场经济法律体系中的基本法地位，互为补充，共同调整并实现社会资源的有效分配。① 其中，民法所调整的是平等主体间非营利性的财产关系，与商业贿赂"钱权交易"本质并不符合，因而不是商业贿赂的法源；而商法调整的主要是营利性的商业流通关系，与商业贿赂的营利目的相关，因而成为解读商业贿赂的法源起点，也正是在这个意义上，笔者试图从商法的角度对"商业"进行解读，以获取"商业贿赂"的最原始意义。

从商业所崇尚的精神和信奉的理念来看，商业、商人在财富取得上信奉的是以公平、自愿、等价有偿、诚信的交换方式获得财产，反对不公平竞争。然而，公平竞争意味着市场主体只能获得平均利润，而突破公平竞争，则可能获得垄断利润。对商业利润的狂热追求，使得市场主体总是试图突破现有竞争规则，从而威胁到其他竞争者的利益和公平市场竞争秩序。当这种威胁达到一定程度，就产生了超越于所有市场主体之上、出于整体本位而对商业交易进行调整的法律——经济法，确切地说是《反不正当竞争法》。为了确保市场主体能公平、公正地进行商业交易以维持市场竞争秩序，现代各国都在《反不正当竞争法》中规定了商业贿赂行为及其处罚，一旦市场主体违背公平交易原则，必然会受到竞争法的处罚。正是在这个意义上，笔者从《反不正当竞争法》的角度对商业贿赂行为进行解读。

"有利益的地方就有犯罪。"因此，商业贿赂是任何一个国家发

---

① 周林彬、任先行：《比较商法导论》，北京大学出版社 2000 年版，第 41 页。

展市场经济过程中不可避免的社会现象，也是任何国家法律所不能回避的现实。虽然笔者主张应从商法角度对“商业”的基本含义进行研究，从竞争法角度对商业贿赂进行初步的法律规制，但当商业贿赂行为的社会危害性达到一定程度，超出竞争法的调整范围，必将受到更严厉的法律惩罚，这就产生商业贿赂犯罪的刑法规制。正是在这个意义上，笔者最终落脚于规范刑法来界定商业贿赂犯罪，并论证其犯罪化的必然性。

可见，商业贿赂的法律调整应依次由“商法→反不正当竞争法→刑法”来完成。这正是本书研究商业贿赂犯罪的基点，即从商法和反不正当竞争法的角度来解读商业贿赂，在厘清其内涵的基础上对其价值取向进行定位，以便确定其在刑法中的应有地位。

第一章　商业贿赂犯罪概述

第一节　商业贿赂犯罪的概念

一、商法中“商业”的界定

商业贿赂是发生在商业交易中的贿赂行为，这是它区别于政治领域公务贿赂的关键特征，对“商业”的正确理解无疑对解读商业贿赂犯罪具有重要意义，因此，本文拟对“商业”进行多视角的解读，以加强对“商业”的了解。从法律体系看，现代意义上对“商业”进行法律规制的主要是商法，商法所确定的“商业”的内涵是我们界定商业贿赂犯罪的理论基础。

（一）对“商业”的多视角解读

“由于它未被确定，我们就可以从许多完全不同的角度去处理它。”对于什么是“商业”，不同视角可以获得不同的答案。

1. 辞义学视角下的“商业”

辞义学是根据词语约定俗成的意义、字面意义或者说它在字典里具有的意义来对词语进行解释。我国古代字书《说文解字》里介绍，“商”最初是用于度量衡的一种计时单位——“商，刻也”；后指估量、推测——“商，从外之内也”。“商”一词被引入经济生活后，与贸易活动紧密联系在一起，指相互交换和互通有无，如《后汉书》里讲，“通财鬻货曰商”。而在《考工计》里讲，“商其远近，度其有无，通四方之珍异以资之谓之商”。后来，随着商品贸易的发展和交易规模的扩大，尤其是在货币出现之后，一个以从事交易活动为职业，并从中获取一定利益的行业出现了，即“商业”，而从事这种职业的阶层也随之出现，即商人阶层。

我国古代汉语对商业的最初解释，反映了当时人们对商品交换和流通活动的基本认识，这近似于各国古代社会对于简单商品交换活动的理解。如国外许多权威性词典也将“商业”解释为商品交换或买卖行为，以及泛指货物、产品或任何种类财物的交易。如美国《布莱克法律辞典》中指出，“商业”是指货物、生产品或任何种类财物的交换。《拉威尼(Lavine)当代商法》也认为“商”是指“对各种物品的交易或交换之总括。”①可见，在外文字中，“商业”也是指与货物交易或买卖有关的事项。

概而言之，中外文字中有关“商”或“商业”的解释大体相同，指关于商品买卖或交易的事项。这正是由于“商业”所表现的商品交易这种社会经济现象是任何形态国家都具有的普遍规律。② 辞义学上的“商”或“商业”这一特定文字符号所传递的特定含义，为我们研究法律意义上的“商业”甚至“商业贿赂”限定了文字的内涵和外延，

① 范健、王建文：《商法的价值、源流及本体》，中国人民大学出版社2004年版，第160页。

② 周林彬、任先行：《比较商法导论》，北京大学出版社2000年版，第4页。

是我们在刑法上研究“商业贿赂犯罪”的起点。

2. 经济学视角下的“商业”

经济学是将“商业”作为社会再生产的一个重要过程来研究的，但对于什么是“商业”的本质，经济理论界在不同历史时期存在不同观点，代表性的有：(1)交换说。它认为商业的本质就是商品交换，即脱离于商品生产过程的独立的商业行为。(2)再销售购买说。即认为单纯的销售或购买不是商业，只有再销售购买，即把在这一方购买的东西出售给另一方的买卖，才是商业。(3)职能说。这一观点从商事活动的社会职能和作用给商业下定义的。职能说产生于垄断资本主义阶段。(4)分配说。这种观点主张把商品从生产领域向消费领域转移的活动，以及由于这种活动所引起的商品的社会性转移现象称为分配；它是从这种分配过程给商业下定义的。(5)流通说。现代商业理论多主张流通说，即认为商业是商品流通中再销售购买者的买卖活动，商业是一个特殊的经济领域。①

可以认为，经济学意义上的“商业”是对现代社会生产过程中商品流通活动的理论概括，认为“商业”是指以营利为目的的各种商品交换行为。也就是说，“商业”是介于农业、工业等生产者与消费者之间，直接媒介财货交易，调剂供需，而从中获取利润的行业。② 显然，经济学意义上的“商业”只具有“商”的最传统的意义，即“买卖商”或“固有商”。但是应该看到，随着商品经济的日益发达，传统意义上的商品概念也日益扩展，以营利为目的的经济活动范围也日益扩大，服务、信息、技术等早已成为交易对象，因而制造业、金融业、服务业、信息贸易、技术贸易与传统商业之间的实质性差异已逐渐融合，这些都要求经济学界对“商业”概念进行扩大理解，以适应社

① 周林彬、任先行：《比较商法导论》，北京大学出版社2000年版，第4~9页。

② 张国键：《商事法论》，中国台湾三民书局1980年版，第4页。

会经济的发展。[①] 过去我们对商业贿赂的界定也采用的是这种经济学意义上的“商业”，即认为商业贿赂是发生在“经营者为商品买卖或购买商品”的过程中。如笔者后文所述，这种商业贿赂的界定过于狭窄，有必要加以扩大解释。

3. 法学意义上“商业”的界定

法学意义上的“商业”是在对商事习惯和商事实践进行法律概括的基础上逐渐形成的，认为凡以营利为目的的事业和以营业的方式从事的行为都称为“商”。所谓“无利非商”，正是法律对商业的本质概括。

从法理上讲，商业基本包括营利性和营业性两大基本属性：[②]

(1)营利性，这是商业的主观要素，即经营某项商业的目的和动机就是为了获取一定的经济利益。而最终是否获得利益以及利益的大小与此无关。

(2)营业性，这是商业的客观要素，即经营某项商业的目的和方式及种类。在法理上一般认为营业须具备三性：经营目的的营利性、经营时间的连续性和经营空间上的同一性。因此，那些在时间上偶尔为一次营利行为和行为种类不同的行为都排除在“营业”之外。这样，经营商业的目的在于营利，商业活动体现为营业，营利性与营业性相结合，构成商业的整体。

法学意义上的“商业”，将其概括为以营利为目的的营业性活动，是法律对“商业”质的规定性的最集中概括。它既反映了商业经济的现实，也有利于法律对商事主体和商事行为进行规制。以营利为目的的交换活动，是商人的商行为区别于公务员的公务行为的一个重要特征，也是商场不同于官场的一个重要特征，由此导致了商

---

① 范健、王建文：《商法的价值、源流及本体》，中国人民大学出版社2004年版，第161页。

② 周林彬、任先行：《比较商法导论》，北京大学出版社2000年版，第11~12页。

业贿赂区别于公务贿赂，后文对商业贿赂犯罪的界定，也是基于这种法律意义上的“商业”。

4. 结论

前述对“商业”的多视角解读，各有其侧重：对商业的辞义学分析，侧重于商业的符号学意义，获取商业的原始信息；经济学分析，侧重于商业的功利、效益，有利于了解其在经济结构中的地位和职能；对“商业”的法律分析，将商业概括为以营利为目的的营业事业，是从商业经济的实际出发，侧重于法的规定性，以利于在法律上规范商事主体和商事行为。① 作为社会特殊的、专门的流通领域，商业始终都有特定内涵，这就是下述商法中的“商业”。

（二）商法中“商业”的内涵与外延

由于商法所调整的主要是营利性的商业流通关系，因而是我国法律体系对“商业”进行初步规制的法源起点。也正是在这个意义上，笔者试图从商法的角度对“商业”进行解读，来获取关于“商业贿赂”最原始的法律意义。

1.“商业”的内涵

它有以下重要特点：②

（1）目的的营利性

商业是以营利为目的的事业，所以有“无利非商”的说法。这是商业最为本质的特征，是商业区别于其他非营利性行业的关键。为了营利，商业总是以营业的方式进行营利活动。这种营业活动具体体现为目的的营利性、活动在时间上的连续性、在空间上的同一性。所以，商行为是一种重复性的法律行为，它是在商事事业管理者的管理下，持续地、不间断地投入人力、物力和财力进行某种经营活动的行为，以便实现营利目的。这是商事交易关系最本质的特征，从

① 周林彬、任先行：《比较商法导论》，北京大学出版社2000年版，第14页。

② 周林彬、任先行：《比较商法导论》，北京大学出版社2000年版，第30～32页。

而将商事关系与非商事关系区别开来,也是“商场”不同于“官场”之所在——发生在“商场”之中的商业贿赂所追逐的是营利目的,而发生在“官场”的公务贿赂所追逐的是政治目的。

(2)主体的商人性

商事活动的主体必须是商人,即必须是“商人之间”的关系。虽然在不同社会背景下“商人”的含义有所不同,但总的说来商人之间的关系可以概括为商人与生产者、商人与商人、商人与消费者的关系。因此,商业交易关系主体的一方必须是商人,这是确认商事交易关系的主体特征。目前各国规定这种商事交易关系主体的法律主要是商法,它规定只有依商事法规定具有商事主体资格的人才能实施商行为,从而避免了任何社会主体任意进入市场从事商事活动,尤其是从法律层面否定了政府机关(主要是商事管理主体乃至司法机关、军事机关等)的商事主体资格。这也说明,目前我国司法实践中将大量国家机关工作人员的贿赂行为称为商业贿赂是不恰当的,因为国家机关工作人员不可能成为商事交易的主体,因而不可能构成商业贿赂犯罪。

(3)行为的交易性

商事活动虽然是一项复杂的社会活动,但商人真正的职业活动,其实就是纯粹的买卖活动。买卖从法律上讲,就是所有权的转移的预期,也就是交易权利的实现。在商业交易中,最重要的是对各种交易权利的安排。商人对交易权利的安排,除受国家政策因素的影响外,更重要的是受交易费用和流通费用的影响,前者是商人必须承受的,而后者则是商人可以自主选择的。因此,理性商人总是选择能使自己获利最大的交易方式来实现权利的让渡,这就使权利寻租成为可能,即商人不再是通过公平竞争来达成交易,而是通过贿赂手段来促成交易,这就是商业贿赂产生的源头。

综上,现代商业是以资本增值为目的,以营业为方式,以职业商人的买卖行为为媒介的商品流通的发达产业。商业的本质就是商事交易关系或者商业流通关系，这在任何市场经济国家都是共通的。商业贿赂正是发生在这种商业交易过程中的贿赂行为，这是商业贿赂不同于其他性质的贿赂的最主要特征。

2. “商业”的外延

“商业”的外延，其实也就是商事交易关系空间范围的确定，一般是由各国的政治、经济、文化和法律制度共同决定的，其中起主导作用的是高度发展的商品经济的社会现实。应该承认，在商品经济条件下，社会普遍商化，社会上一切物质财富和精神财富都可以当作商品，商业的外延也必然随着新出现的社会现象而不断扩大，呈现出开放性特征。这样，随着市场经济的发展，商业的横向结构和纵向环节以及营销机制都在发生重大变化。①

在商法中，根据商业交易的范围，一般将“商业”分为四种类型：第一种为“固有商”，是指在商业社会早期，商人之间直接媒介财货交易的行为，即低价买进，高价卖出的商行为。随着交易的成熟，为了使交易更加高效、快捷，从事固有商的商人往往将有关货物的运输行为和保管行为及包装行为委托给其他人来进行，自己仅仅从事买卖的谈判、签约和接受货物以及付款等行为，这就从固有商中分离出“第二种商”，即辅助商行为，是指间接以媒介货物交易为目的的行为，包括货物运输行为、仓储保管行为、居间经纪行为、代办行为以及包装行为等。为确保固有商行为和辅助商行为的顺利进行，以便商人在商业交易时有足够的资本或可以更高效、安全地运行，产生了从事融通资金或提供信用的“第三种商”，包括银行、信托、承揽运送、制造、加工、出版、印刷、摄影等商行为。随着这三类商的出现和发展，社会上又产生了为这三种商服务的“第四种商”，主要从事广告传媒、人身或财产保险、娱乐、宾馆、饭店、咨询以及电影院、

① ［日］富永健一：《经济社会学》（中译本），南开大学出版社1984年版，第75页。

戏院等行为。①

这样，商业行为在流通领域形成了商流、物流、资本流和信息流四大系统。相应地，从事这些行业的商业的范围也不断得以扩大，包括：②

(1)在商流过程中发生的交易关系，即固有商业。这一领域主要由三方面的关系组成。一是商业经营者与商品生产者之间的买卖关系，也即实业家与实业家、组织与组织之间的流通关系，属商流中的第一次循环，即通常所说的批发买卖或大宗转让；二是商业经营者与经营者之间的购销关系，即批发商与零售商之间的购销关系，属商人内部的买卖关系；三是商业经营者与消费者之间的买卖关系，属商流中的第三次循环。不过，我们认为，商业贿赂犯罪中的商事交易关系主要体现在前两个环节，第三个环节中消费者与商业经营者之间在商品购销中的贿赂行为，并不构成商业贿赂，因为消费者与销售商之间的买卖行为只是一次的、偶然的行为，不符合商业行为的营业性特点。

(2)在物流过程中所发生的交易关系，即辅助商业或第二类商业。现代物流不同于传统上的物资流通，它主要是指货物的运输、物资配送、仓储保管、挑选、加工、包装、货运代理等与物流有关的业务活动。

(3)在资本流通过程中所发生的商事交易关系，即第三类商业。

(4)在商业服务过程中所发生的关系，即第四类商业。所谓服务是指以提供活劳动满足顾客的某种需要，并获取报酬的行为。

可见，现代商业已经突破了原有固有商的范围，而在流通领域形成了商流、物流、资本流和信息流四大系统。过去我国竞争法认为商业贿赂仅限于商品购销范围，这显然落后于商业的真正发展趋

① 张民安：《商法总则制度研究》，法律出版社2007年版，第5页。

② 周林彬、任先行：《比较商法导论》，北京大学出版社2000年版，第34～37页。

势，因为商业贿赂可以发生于上述商流、物流、资本流和信息流的任何一个系统之中，而不仅仅局限于商流这一系统。

上述从商法角度对“商业”的内涵和外延的研究，是我们研究商业贿赂的起点，有关商业贿赂基本含义的界定，也必须以此为基础，而不能脱离这些根本特征。

二、竞争法中“商业贿赂”的界定

曾有经济学家主张“腐败有效论”，认为商业贿赂是腐败的润滑剂，在某种程度上能加速商业流通和经济的发展。但事实证明，商业贿赂对市场竞争秩序和诚实的商业文化的破坏，最终会对市场经济的发展产生巨大的负面作用。因此，通过法律手段对商业贿赂进行法律规制，是现在各国的通行做法。这主要表现在各国多将商业贿赂作为一种不正当的竞争行为规定在《反不正当竞争法》中，如世界上第一部反不正当竞争法即 1896 年德国颁布的《反不正当竞争法》就将商业贿赂作为不正当竞争行为予以规制。在竞争法中对商业贿赂进行规定，主要是考虑到商业贿赂行为的不正当竞争性质。由于公平本为道德规范，不公平竞争从本质上说，是一种违反社会公认商业道德的竞争。这种竞争的直接后果必然损害其他竞争者和消费者的利益，进而给社会经济秩序和经济发展带来不利影响。因此，各国竞争法都对商业贿赂作出明确规定，并明令禁止。

(一)我国竞争法有关“商业贿赂”的规定

我国 1993 年《反不正当竞争法》第 8 条第 1 款规定：“经营者不得采用财物或者其他手段进行贿赂以销售或者购买商品。在账外暗中给予对方单位或者个人回扣的，以行贿论；对方单位或者个人在账外暗中收受回扣的，以受贿论。”此后，1996 年国家工商行政管理局根据《反不正当竞争法》第 8 条之规定发布了《关于禁止商业贿赂行为的暂行规定》,该规定直接使用了“商业贿赂”并对其进行了解释,即“商业贿赂是指经营者为销售或者购买商品而采用财物或者其他手段贿赂对方单位或个人的行为”。上述两个规定是我国法律首次对商业贿赂作出明确规定,也是学者们讨论商业贿赂犯罪的依据。根据该规定,我们认为竞争法中的商业贿赂有如下特点:

1. 商业贿赂的主体:行贿人与受贿人

商业贿赂行为的主体因行贿人与受贿人的不同而有所不同。

对于商业行贿行为而言,主体是特殊主体,即经营者。根据我国《反不正当竞争法》第 2 条第 2 款的规定:“本法所称的不正当竞争,是指经营者违反本法规定,损害其他经营者的合法权益,扰乱社会经济秩序的行为。”而第 3 款规定:“本法所称的经营者,是指从事商品经营或者营利性服务的法人、其他经济组织和个人。”因此,通说认为,“经营者”应是指从事以营利为目的、独立的、持续的、不间断的职业性经济活动的人。此外,经营者的范围还应包括其代表人、代理人。代表人是指公司、企业的法定代表人或代表公司、企业从事某项业务的职工或雇员,如产品销售代表、原材料采购员;而代理人是指商法人、商自然人授权可以代表自己与他人进行商业交易的其他人。①

对于商业受贿行为而言,主体的范围是不特定的,很难从法律上来进行限定,只要是对商业交易具有决定权的市场主体,都可能成为商业受贿行为的主体。因为能提供商业交易机会和条件的并非只有经营者,国家工作人员及其关系人往往更容易实现这一目的。尤其是在我国目前的经济政治体制下,大量的市场资源还掌握在国家工作人员手中,他们对商业交易更具有决定权,因而容易受贿。因此,商业受贿罪的主体既可以是经营者,也可以是非经营者;既可以是单位,也可以是个人。综上,根据《反不正当竞争法》第 8 条和

---

① 神明钊:《竞争法》,法律出版社 2005 年版,第 151 页。

《关于禁止商业贿赂行为的暂行规定》的规定，行贿主体是“经营者”，而受贿主体是“单位或个人”，这里的“单位或个人”应该是不特定的范围。

2. 商业贿赂的主观故意和目的

商业贿赂行为的主观方面必须是故意，而不能是过失，但在目的方面，商业行贿与商业受贿显然是不同的。商业行贿的目的是为了销售或购买更多的商品，即为达到商业目的，通过贿赂手段，获取优于其他经营者的竞争优势。这一特征将商业贿赂与其他贿赂区别开来：商业贿赂是为了商业目的，而其他贿赂则是为了商业目的以外的目的，如调动工作、升官、子女入学。商业受贿的目的是为了获得财物或者其他不正当利益，但这种利益是以为行贿人提供不正当交易机会为前提的。

可以肯定的是，在商业贿赂行为中，行贿人的目的是特定的，即获取竞争机会或交易优势；而受贿人的目的可以是商业利益，也可以是与商业利益无关的其他不正当利益。因此，我国有学者认为，决定“商业”贿赂的“商业性”特点的因素主要是行贿人从事商业行为的身份以及通过贿赂牟利的动机，至于贿赂对象（受贿者）的身份，对贿赂的“商业性”并没有太大影响。易言之，商业贿赂的定义不应该将受贿者的身份作为考虑因素。[①] 的确，在商业贿赂犯罪中，行贿人往往是始作俑者，也是最大受益人，因此，通过行贿人或者行贿行为的特征来认定商业贿赂犯罪，无疑为我们提供了一个新的视角。正因为如此，我国竞争法通说也认为商业行贿是《反不正当竞争法》打击的重点，或者说《反不正当竞争法》主要是为了禁止商业行贿行为。

---

① 程宝库：《商业贿赂——社会危害及其治理对策》，法律出版社2006年版，第4页。

3. 客体的多重性

商业贿赂行为侵害的客体是多重的。当今大多数国家竞争法反商业贿赂所保护的竞争秩序内容呈三元结构,即保护:(1)消费者利益;(2)竞争者利益;(3)竞争秩序。因为从历史渊源来看,竞争法起源于民法中的特别侵权法,必然注重对私权的保护,因而它必然保护消费者的利益和其他竞争的利益。随着市场经济的发展,自由竞争的消极破坏作用日益暴露,加强对竞争秩序这种社会法益的保护以维持经济的持续发展便成为大多数国家的通行做法,因此,竞争秩序也成为竞争法益目标的一部分。①

4. 客观方面

商业行贿行为表现为行贿人给付对方单位或者个人财物或者不正当利益;而商业受贿行为表现为受贿人收取了行贿人财物或者不正当利益,并为行贿人提供了不正当的经营利益或不公平的交易机会。

这里值得指出的是,根据我国《反不正当竞争法》的规定,商业贿赂表现为"财物或者其他手段"。根据《关于禁止商业贿赂行为的暂行规定》第 2 条第 3 款的规定,财物是指"现金和实物,包括经营者为销售或购买商品,假借促销费、宣传费、赞助费、科研费、劳务费、咨询费、佣金等名义,或者以报销各种费用等方式,给付对方单位或个人财物"。同时,根据该暂行规定第 2 条第 4 款的解释,"其他手段"是指"提供国内外各种名义的旅游、考察等给付财物以外的其他利益手段"。② 这是我国法律上首次将"贿赂"解释为"财物或

① 郑友德、杨国云:"现代反不正当竞争法中'竞争关系'之界定",载《法商研究》2002 年第 6 期。

② 参见 2003 年 8 月 19 日《反不正当竞争法修订初稿》,行贿手段包括:(1)给予对方单位或个人回扣的;(2)假借宣传费、促销费、赞助费、科研费、劳务费、咨询费、佣金等名义,或者以报销各种费用等方式,给予对方单位或者个人财物或者经济利益的;(3)给予对方单位价款以外的优惠。

者其他手段”，在一定程度了上突破了《刑法》仅将“贿赂”限定为“财物”的做法，成为相关争议的焦点。

根据上述四个方面的内容，我们可以认为，《反不正当竞争法》中规定的“商业行贿”是指经营者在销售、购买商品或者其他经营形式中，使用财物或其他不正当手段贿赂对方单位或个人以此获得交易机会的行为；而“商业受贿”是指接受经营者的财物或者其他不正当利益并为其提供商业交易机会的行为。

（二）竞争法中“商业贿赂”规定的反思

上述从《反不正当竞争法》角度对商业贿赂的初步解读，是我们研究刑法中商业贿赂犯罪的起点和根据。但是，不同部门法自身的特点和功能决定了他们在调整商业贿赂行为时原则和尺度上的差异。因此，如果要从刑法的角度对商业贿赂犯罪进行研究，必须先对上述竞争法中有关商业贿赂的结论进行反思，从而合理地限定研究刑法中商业贿赂犯罪的基调。

1. 作为商业贿赂对象的“贿赂”范围

竞争法将贿赂分为财物手段和其他手段两种，我们可以将这两者分别称为财物贿赂和非财物贿赂。这两种贿赂对受贿人来讲意义并不相同：财物贿赂一般以转移财物所有权的形式进行，其结果是受贿人可以因此而增加财产；而非财物贿赂一般表现为财产以外的利益，虽然也能满足受贿人的某种需求，但并不会使受贿人财产增加。两种贿赂在法律责任的承担上也不相同：由于《反不正当竞争法》和《关于禁止商业贿赂行为的暂行规定》规定工商行政管理部门在对商业贿赂进行追究行政责任时，可以没收违法所得，因此，受贿人在财物贿赂中存在违法所得，工商行政管理部门对之没收财产也容易操作；而在非财物贿赂中，受贿人不存在违法所得，即使有执法机关也难以操作。① 可见，在竞争法中，区分财物贿赂与非财物贿

① 种明钊：《竞争法学》，高等教育出版社2002年版，第149页。

赂具有重要意义。但在商业贿赂犯罪中,刑法只对那些危害严重而又能够明确认定的贿赂进行规制,因此,笔者主张这种非财物贿赂不应纳入刑法的调整范围,此点将在后文详细论述。

2. 商业贿赂行为中法律规制的不同重点

在竞争法中,商业贿赂主要是指商业行贿,这种观点在经济法学界已基本达成共识。① 但我们并不能以此推定刑法也只反商业行贿行为。因为不同部门法各自功能的差异,对同一社会现象进行调整时会有不同的诉求。具体说来,在竞争法中,商业贿赂体现为不正当竞争,反商业贿赂主要是为了维护公平的市场交易秩序。这与经济法本身设定的政府在市场经济中具有最小限度的管理职权这一地位是相符合的。因此,竞争法只能从道义上反对商业受贿,而不能制裁商业受贿。但从我国刑法传统来看,贿赂犯罪的处罚历来都厚此薄彼——着重惩罚受贿行为而从轻处罚行贿行为,这主要是沿袭了我国公务贿赂犯罪的立法传统。可见,对商业贿赂行为的处罚,竞争法与刑法的价值取向并不一致。

3. 商业贿赂范围的合理限度

《关于禁止商业贿赂行为的暂行规定》正式将商业贿赂界定为"经营者为购买或销售商品而采用财物或者其他手段贿赂对方单位或者个人的行为"。当时刑法理论界也根据此规定来讨论商业贿赂犯罪,认为它是发生在商品购销过程中的贿赂犯罪。不可否认,这一规定的确抓住了我国市场经济体制改革初期发生在商品购销领域的贿赂行为严重泛滥、急需治理这一特征,一度对当时司法实践起到了巨大的指导作用。但从后来的司法实践来看,该规定对商业贿赂所作的界定过于狭窄,它只概括了商品购买和销售中的贿赂行为,对其他商业领域的贿赂行为没有涉及。

从前述笔者对"商业"的界定来看,"商业"是一切商品与服务经

---

① 种明钊:《竞争法学》,高等教育出版社2002年版,第144页。

营过程的总称，它不仅包括商品的销售和购买，还包括金融信贷、商品检验、广告宣传、委托代理、有偿服务等许多领域。商业贿赂事实上存在于前述“商业”所涉及的商流、物流、资本流和信息流四个领域中。正如有学者所指出的：为了使法律的界定更为准确，对这里的商品或服务，有必要借鉴国外的做法，将其分为三类，即商品、服务或者其他商业活动。[①] 事实上，目前我国至少有13部法律和10部以上的法规对商业活动中的贿赂行为作出了禁止和处罚的规定，涉及商业贿赂的国务院部门规章和规范性文件有114件，地方性法规和规章多达数百件。涉及商业贿赂的法律主要有《反不正当竞争法》、《公司法》、《保险法》、《商业银行法》、《证券投资基金管理法》、《建筑法》、《食品安全法》、《药品管理法》、《政府采购法》、《城市房地产管理法》等，它们规范了不同领域的商业贿赂行为，这说明对商业贿赂进行扩大解释具有广泛的法律基础。[②] 因此，笔者主张“商业贿赂”应包括发生在商流、物流、资本流和信息流四个领域中为牟取商业利益的贿赂行为，而不仅指商品流通领域中的贿赂行为。

从历史发展看，我国规制商业贿赂的《反不正当竞争法》和《关于禁止商业贿赂行为的暂行规定》都是在90年代现行《刑法》修订之前颁布的。时至今日，市场经济已经历了更深层次的飞跃，民众对市场经济的运作规律也更加熟络，但是那些存在于西方发达国家市场经济成熟过程中自发形成的有关竞争的道德规范，在我国却严重缺乏；相反，各种试图突破市场规则的商业行为却层出不穷，使得市场规制法律永远处于一种疲于应付的局面。可以说，正是法律的落后和道德的匮乏导致了商业贿赂行为的严重泛滥，这些都要求我们从刑法角度来研究商业贿赂犯罪时，既要立足于我国市场经济的

---

① 孔祥俊：《反不正当竞争法新论》，人民法院出版社2001年版，第87页。

② 程宝库：《商业贿赂——全球治理的立法与实践》，法律出版社2006年版，第5页。

现实和已然立法，但又不能仅仅局限于这种现实。

三、规范刑法中商业贿赂犯罪的界定

（一）商业贿赂犯罪概念的争议①

从目前商业贿赂犯罪概念的争议来看，主要存在以下几种代表性的观点：第一种观点是从广义上进行界定，认为商业贿赂犯罪是指发生在商业活动或者商业交易中的行贿与受贿行为，在外延上包括了我国《刑法》中有关贿赂犯罪的所有罪名，即刑法分则第八章第385条至第393条规定的受贿罪、行贿罪、单位受贿罪、单位行贿罪、对单位行贿罪、介绍贿赂罪以及原刑法分则第三章第163条规定的非国家工作人员受贿罪和原第164条对非国家工作人员行贿罪。②持这种观点的人一般认为，我国刑法有关商业贿赂犯罪的规定已经相当完备，比较现实的问题是如何解释、适用好现有的反商业贿赂法律。③与此相适应的司法解释也在有关人士的千呼万唤中出台，2008年11月20日"两高"联合发布的《关于办理商业贿赂刑事案件适用法律若干问题的意见》规定，商业贿赂犯罪涉及上述刑法规定的八种罪名。

第二种观点是从狭义上进行界定，认为商业贿赂犯罪是指刑法分则第163条的非国家工作人员受贿罪以及第164条的对非国家工

① 有关商业贿赂犯罪的概念的争议发生于"两高"在2007年10月25日颁布的《罪名解释（三）》之前（该解释将《刑法》第163条称为非国家工作人员受贿罪，第164条称为对非国家工作人员行贿罪），因此，本文为尊重事实，仍沿用了争论时的相关罪名。

② 童德华："完善反商业贿赂犯罪立法之思考"，载《山东警察学院学报》2006年第3期；王振川："关于治理商业贿赂的若干问题"，载《中国法学》2006年第4期。

③ 蒋安杰、李立："反商业贿赂三人谈"，载《法制日报》2006年8月31日第9版。

作人员行贿罪。这种看法恐怕来源于最高人民法院在1995年12月25日发布的《关于办理违反公司法受贿、侵占、挪用等刑事案件适用法律若干问题的解释》，该解释将公司和其他企业的董事、监事、职工的受贿行为规定为商业受贿罪。此后，我国不少学者也沿用此说，将新《刑法》第163条称为商业受贿罪、第164条称为商业行贿罪，进而认为我国《刑法》是以犯罪主体为标准将商业受贿罪与受贿罪区别开来。[①] 应该承认，这种看法是将受贿主体的性质与所有制形式挂钩，带"国字号"的人受贿的，属于受贿罪；而非带"国字号"的人受贿的，属于非国家工作人员受贿罪。然而，从目前的司法实践来看，商业贿赂犯罪并非只包括公司、企业或者其他单位的工作人员的贿赂犯罪，它重点惩治的反而是国家工作人员，尤其是国有公司、企业工作人员在商业领域的贿赂行为。因此，这种狭义的商业贿赂犯罪概念显然不合时宜，有待改进。

第三种观点是近来有关商业贿赂犯罪的看法，指相对于公务贿赂犯罪而言，在市场交易过程中发生的以社会权力寻租与租用为本质而与公共权力的寻租与租用并无直接关系的贿赂犯罪。二者的区别在于贿赂发生时所利用的职权性质不同，即商业贿赂犯罪中受贿者所利用的是社会权力；而公务贿赂犯罪中受贿者所利用的是公共权力。[②] 这种观点虽然没有确定商业贿赂犯罪的应有范围，但与上述两种观点不同的是依钱权交易性质的不同，将商业贿赂犯罪作为与公务贿赂犯罪并列的类罪，打破了长期以来我国刑法依主体的不同将贿赂犯罪分为与国家工作人员有关的贿赂犯罪和与非国家工作人员有关的贿赂犯罪的习惯做法。这与国家工作人员的确定标准由"身份论"转向"公务论"是一脉相承的。然而，要彻底突破原有的理论窠臼和思维惯性，新的立法势在必行——在刑法分则中专

① 张翔飞："商业受贿罪研究"，载《现代法学》1997年第6期。

② 刘远："商业贿赂犯罪的概念与立法"，载《华东政法学院学报》2006年第5期。

设“商业贿赂犯罪”条款，与发生于官场的公务贿赂犯罪相对应。

从以上有关商业贿赂犯罪的概念的争议来看，主要的问题集中于以下几点：第一，有没有必要在刑法中承认商业贿赂犯罪概念？如果认为我国现行《刑法》有关贿赂犯罪的规定已经相当完备，能够很好的惩治各种形式的贿赂犯罪，则无需在《刑法》中讨论商业贿赂这一时髦话题；如果认为商业贿赂犯罪是具有独立品格的类罪，那么它将是我国刑法无法回避的问题，对其解决宜早不宜迟。第二，如果在刑法中承认商业贿赂犯罪，则其归属成为问题，即商业贿赂犯罪与《刑法》第163条、第164条以及《刑法》第385条至第393条之间到底是什么关系？是种属包含关系，还是并列关系？上述第一种观点认为，商业贿赂犯罪包括了第385条至第393条的规定；而第三种观点认为商业贿赂犯罪与第385条至第393条是并列关系。第三，商业贿赂犯罪有没有独立成罪的必要？或者说商业贿赂犯罪到底是个立法问题还是个司法解释问题？如果采用了上述第一种观点，认为商业贿赂犯罪包含了《刑法》第163条、第164条以及《刑法》第385条至第393条的规定，则只需根据现有法律对其适用作出合理的司法解释；如果采用上述第三种观点，则需要对商业贿赂犯罪进行新的立法，以在刑法分则中明确确立其地位，为打击商业贿赂犯罪提供刑法基础。第四，商业贿赂犯罪与公务贿赂犯罪如何区分？如果采用第二种观点，则应以主体性质为标准来区分；如果采用第三种观点，则应以钱权交易中所利用的职权性质为标准。面对商业贿赂犯罪这些剪不断理还乱的问题，“只有超脱于法条的罪状规定而对生活中犯罪现象的诸要素进行系统的研究，才有可能使在诸要素基础上抽象出的概念的内涵和外延精密化，从而为建立科学完善的犯罪认识体系提供坚实的理论基础”。[1] 的确，只有对商业贿赂犯罪的概念进行界定后，才能为解决种种纷争提供一个共同的理

---

① 冯亚东：“刑法学研究的层面划分”，载《法学研究》2001年第3期。

论平台。

(二)商业贿赂犯罪的界定

要正确界定商业贿赂犯罪,首先,必须立足于商业贿赂的本质特征。贿赂有多种存在形式,如政治领域的贿赂、文化领域的贿赂,而商业贿赂反映的则是商业领域或者商业往来中的贿赂,这是它与其他形式的贿赂的本质区别。其次,要立足于立法目的。无论是《反不正当竞争法》还是《关于禁止商业贿赂行为的暂行规定》都是从反不正当竞争的角度对商业贿赂进行规定的,目的是禁止商业领域或商业活动中的不正当竞争行为,以维护公平的市场竞争秩序,因此,对商业贿赂犯罪概念的界定应以此为基础,牢牢紧扣其不正当竞争行为的本质,而不能随意扩大或缩小其范围。最后,要立足于立法规定。既然我国《反不正当竞争法》与《关于禁止商业贿赂行为的暂行规定》都对商业贿赂的概念和法律责任作出了明确规定,它就不仅是理论层面的问题,而且是具有法律后果的行为。[①] 刑法要为打击商业贿赂犯罪提供法律基础,它就不能仅仅只是犯罪学上的某类犯罪概念,更应是刑法上独立的犯罪概念。因此,笔者拟就以上几点为基础,对商业贿赂犯罪作出界定。

从基本词义看,"商业贿赂"是由"商业"和"贿赂"组成的复合词。这里的"商业"作为定语,是"商业性"的意思,它决定了"商业贿赂"的本质特征不同于其他形式的贿赂。如前所述,"商业性"是指发生于商业领域或商业往来中,以谋取商业利润为目的的行为。[②] 商业的本质就是商事交易关系或者商业流通关系。通说也认为商业贿赂行为是发生在商业交易或商业活动中的行贿与受贿行为,这是没有争议的。这里,需要对商业交易或商业活动作出进一步界

① 龚培华:"商业贿赂犯罪研究",载《法学》2006 年第 7 期。

② 程宝库:《商业贿赂——社会危害及其治理》,法律出版社 2006 年版,第 4 页。

定。根据德国的《反不正当竞争法》的有关规定，①“商业交易”是相对于纯粹私人性质的行为以及国家行使公权的行为而言，因此包括任何一项独立的、追求经济目的的活动，包括所有企业性质的行为以及自由职业者的行为。德国理论界的通说也认为一项商业交易性质的活动应具备以下要件：(1)独立性，是指行为人是以企业的名义独立地参与市场交易的，而不是以(商人)自己的名义实施的私人性质的行为。例如，一个商人在纯私人场合发表的有损其竞争对手的言论，原则上就不是一项商业交易性质的行为。(2)对外性，是指有关行为对交易中的其他人来说是可识别的。企业内部的行为，如上级领导与雇员之间有关企业行政管理的事项，不属于商业交易性质的行为。(3)营利性，是指行为人必须是为了获得利润或者至少要具备这样的意图。据此，可以认为，经营者从事的行为，除纯属私人性质外，都可推定为商业交易性质的行为；国家机构从事的行为，除纯属公权性质的、官方的管理行为外，也可以推定为具有商业交易的性质。②

在对“商业”和“商业交易”进行界定后，笔者认为，商业贿赂犯罪是指在商业交易过程中，经营者以获得商业交易机会为目的，给予交易对方有关人员或者能够影响交易的其他相关人员以贿赂，情节严重的行为(商业行贿罪)；交易对方有关人员或者能够影响交易的其他相关人员向经营者索取或者收受贿赂，为经营者提供商业交易机会，情节严重的行为(商业受贿罪)。它具有以下特点：(1)商业贿赂犯罪是故意犯罪，行贿者的主观上是以竞争为目的，来获取经

① 德国是西方国家中曾大规模实行过计划经济的国家，也是在二战后成功地实现了由计划经济向市场经济转型的国家，其在经济转轨过程中发展经济和保持社会稳定的经验对我国有重大参考价值，故笔者采用了德国《反不正当竞争法》中有关“商业交易”的规定作为参考。

② 邵建东：《德国反不正当竞争法研究》，中国人民大学出版社2001年版，第40～41页。

济利益，既包括现实的经济利益，也包括通过不正当竞争可能获得的交易机会。如果行贿方不是为了影响竞争以获取商业交易机会，而是其他利益，如职务升迁、升学就业、办理户口、人事调动，则不属于商业贿赂。受贿方的主观目的则是获取贿赂。(2)商业贿赂犯罪的行贿主体是经营者。这里的"经营者"包括销售者、购买者和服务者以及其他从事商品经营或营利性服务的法人、其他经济组织和个人，即指一切从事商品经营或营利性服务的单位或个人。如果行贿主体不是经营者，即使行贿的目的是为了经济利益，也不属于商业贿赂。如地方政府为了争取建设项目和资金向上级部门行贿，其目的是为了地方经济利益，但作为政府行为也不能视为商业贿赂。(3)贿赂行为必须发生在商业领域或商业交易过程中。有些贿赂行为的行贿者是经营者，主观目的也是为了经济利益，如一些企业为了打赢经济官司而向司法人员行贿，由于行为不是发生在商业交易中，因而不属于商业贿赂。(4)由于商业贿赂行为具有竞争性，所以商业贿赂犯罪具有破坏公平市场竞争秩序的性质，这是其区别于其他贿赂犯罪的本质特征。同现行《刑法》按照主体标准来区分与国家工作人员有关的贿赂犯罪和与非国家工作人员有关的贿赂犯罪不同，是否属于商业贿赂犯罪，应根据行贿主体、目的及其发生的领域来判断。[①] 可见，商业贿赂犯罪是具有独特品格的类罪，应该在我国刑法中明确其地位。台湾学者林山田也将商业贿赂犯罪归入竞业刑法中，认为其"将足以破坏自由竞业之公平原则，并败坏经济伦理，故此等经济贿赂行为实有加以犯罪化之必要"。[②]

通过对商业贿赂犯罪进行界定，我们可以肯定，能进入商业交易领域的市场主体主要是公司、企业或其他单位，既包括国有的，也包括非国有的。关键是看这些市场主体所从事的活动是否具有商业

---

① 王振川："关于治理商业贿赂的若干问题"，载《中国法学》2006年第4期。

② 林山田：《经济犯罪与经济刑法》，中国台湾三民书局1982年版，第171页。

交易的性质,以及他们是否作为平等的民事主体,通过在商业活动中以交换给付和对待给付的方式来履行其根本任务。因此,刑法中的商业贿赂犯罪既包括与公司、企业或者其他单位人员有关的贿赂行为,也应包括部分国家工作人员在市场交易中的贿赂行为。以此为基础,我们可以发现,我国司法实践将大量原本不具备商业贿赂性质的行为当作商业贿赂犯罪处理,将反商业贿赂当作政治层面的反公务贿赂乃至反腐败的一部分,在本质上混淆了两种不同性质的贿赂犯罪,是刑事政策上的误导,有必要加以纠正。从这个意义上讲,广义的商业贿赂犯罪概念不适当地扩大了商业贿赂犯罪的成立范围,将部分不属于商业贿赂犯罪的国家工作人员的贿赂行为包括进来。其背后体现的是司法机关将治理"商业贿赂犯罪"的刑事政策等同于治理"商业贿赂"的社会政策,是从犯罪学甚至社会学的角度对发生在商业领域的贿赂行为的一种现象描述,忽视了刑法对社会行为应有的甄别功能与定罪量刑作用,因而没有从本质上解决问题。狭义的商业贿赂犯罪概念又不适当地缩小了商业贿赂犯罪的范围,将很多本质上属于商业贿赂犯罪的国家工作人员的贿赂行为排除在外,因而不能满足我国目前打击商业贿赂犯罪的情势需要。应该看到,刑法根据主体的性质区别各种不同的受贿行为与行贿行为的做法,带有很深的"身份刑法"的烙印。国有公司、企业应平等地参与市场经济活动,是市场经济发展的必然趋势;刑法对于这部分国有公司、企业在市场竞争中的经济犯罪应与非国有的公司、企业同等处罚,这也是我国刑法的基本原则。而我国刑法却一直回避这一问题,与其说是立法上的滞后,不如说是立法上的保守,是我国社会转型期政治保守化在刑法中的体现。上述第三种有关商业贿赂犯罪的观点,虽然具有一定的合理性,但还必须结合我国刑法分则相关条文作进一步说明,后文将详细论述。

(三)商业贿赂犯罪与相关刑法条文的关系

在对商业贿赂犯罪概念进行讨论后,还必须探寻刑法中与之相关的其他规定，才能更加深入地理解商业贿赂犯罪。从哲学上讲，一事物之所以成为它自己，主要在于其自身的本质特征，并由此决定了它与其他事物的关系，而非它与其他事物的关系决定了其自身的本质特征。我国学者有关商业贿赂犯罪的研究正因为在方法论上本末倒置，才无法跳出刑法的条条框框得出正确的结论。笔者认为，商业贿赂犯罪的上述特征，决定了它应当作为一种独立的犯罪在我国《刑法》中存在，与刑法分则第163条、第164条以及第385条至第393条之间存在一定的区别与联系，是一种交叉包容关系。

1. 商业贿赂犯罪与《刑法》第163条、第164条之规定

“两高”在2007年颁布的《关于执行〈中华人民共和国刑法〉确定罪名的补充规定(三)》将《刑法》第163条称为非国家工作人员受贿罪，第164条称为对非国家工作人员行贿罪。而1997年《刑法》将第163条称为公司、企业人员受贿罪，第164条称为对公司、企业人员行贿罪。从1997年刑法修订后第163条和第164条的来源看，它们是从1995年的《关于惩治违反公司法的犯罪的决定》演化而来的，是为了弥补我国《公司法》中有关受贿主体刑事责任条款过于笼统而无法具体适用的不足，为追究公司企业的董事、监事及其他职工的刑事责任提供刑法基础。[①] 因此新《刑法》将其归属到我国刑法分则的“妨害公司企业管理秩序罪”中，认为其客体是公司企业的管理秩序是合适的。即使是《关于执行〈中华人民共和国刑法〉确定罪名的补充规定(三)》将《刑法》第163条和第164条的罪名分别改为“非国家工作人员受贿罪”和“对非国家工作人员行贿罪”后，从其所处的章节来看，其客体仍然是公司、企业的管理秩序(当然，这种做法是否合适就另当别论了)。而通说认为，商业贿赂犯罪是一种经济犯罪，发生于商业交易领域，它首先侵犯的客体是公平的市场竞

① 阮传胜：“建议设立公司、企业、其他组织人员受贿罪”，载《法学》2003年第10期。

争秩序。客体的不同,决定了二者本质的不同以及适用上的差异。

(1)侵害法益的内容不同

通说认为《刑法》第163条、第164条的主要客体是公司、企业的管理秩序。这种管理秩序包括内部的管理秩序和外部的管理秩序。实践中,公司、企业或其他单位的工作人员对内部管理秩序的侵犯并没有损害到公平的市场竞争秩序,只有对外部管理秩序的侵犯才有可能损害公平的市场竞争秩序。可见,相对于公司、企业的管理秩序而言,公平的市场竞争秩序并不是《刑法》第163条、第164条的主要客体,只是随机客体。① 随机客体并非犯罪构成的必备要件,而是选择性要件,可能出现也可能不出现。具体说来,《刑法》第163条、第164条不仅包括公司、企业或者其他单位的工作人员对外参与市场交易时侵犯公平的市场竞争秩序的行贿受贿行为,而且也包括公司、企业或者其他单位内部员工之间为了牟取其他不正当利益的行贿受贿行为,如下级员工为了职位升迁而贿赂上级主管人员的行为。因此,《刑法》第163条、第164条所包括的贿赂犯罪并不限于商业贿赂犯罪,还可能包括其他形式的贿赂犯罪。

(2)承担义务的主体不同

由于刑法规范具有行为规范的特点,一经制定行为人就具有不得实施该行为以保护一定法益的义务。具体说来,对公司、企业承担管理秩序维护之义务主体与承担维护商品交易秩序之义务主体的范围是不同的。前者主要是指《刑法》第163条、第164条所规定的非国家工作人员;而后者则包括所有参与经济活动的市场主体,既包括非国有公司、企业或者其他单位的工作人员,也包括部分国

① 随机客体是指在某一具体犯罪侵犯的复杂客体中由于某种机遇而出现的客体,也称随意客体、选择客体。随机客体也属于复杂客体的一种,但与主要客体、次要客体不同的是,主要客体、次要客体是某些犯罪的必备要件,而随机客体只是选择要件,它只影响量刑,不影响定罪。参见高铭暄、马克昌主编:《刑法学》,北京大学出版社、高等教育出版社2000年版,第60页。

有公司、企业或其他单位的工作人员。如果仅按照《刑法》第163条、第164条的规定，则无法对这部分国有公司、企业或者其他单位的工作人员的商业贿赂行为进行处罚，这显然不合时宜。

可见，《刑法》第163条、第164条与商业贿赂犯罪之间是一种交叉的集合关系，二者只有部分是共同的。因此，以第163条、第164条为刑法依据来打击商业贿赂犯罪，并没有触及商业贿赂犯罪的本质，只是隔靴搔痒，无论是在深度上还是在广度上都是有限的。这说明了采取狭义的商业贿赂犯罪概念，将其直接等同于《刑法》第163条、第164条是不合适的。

2. 商业贿赂犯罪与《刑法》第385条至第393条之规定

我国《刑法》分则第八章第385条至第393条规定了受贿罪、行贿罪、单位受贿罪、单位行贿罪、对单位行贿罪、介绍贿赂罪，这六者是以国家工作人员为中心而设置的一系列条款，可以统称为与国家工作人员有关的贿赂犯罪。我国不少学者将第385条至第393条之规定直接称为公务贿赂犯罪或者公职贿赂犯罪，并且认为它是与商业贿赂犯罪相对应的犯罪。前者是公共权力寻租与租用的结果，后者是社会权力寻租与租用的结果。① 笔者认为，这种看法并不合适。

从我国《刑法》第93条的规定来看，国家工作人员包括“国家机关工作人员”和“以国家工作人员论”的国有公司、企业、事业单位、人民团体中从事公务的人员和国家机关、国有公司、企业、事业单位委派到非国有公司、企业、事业单位、社会团体中从事公务的人员，以及其他依照法律从事公务的人员。相应地，理论上通说也认为国家工作人员的确定标准是“公务论”。那么，这些国家工作人员的行为是否都具有“公务”性质呢？对于“国家机关工作人员”而言，其行为具有“公务”性质是没有争议的。而对于其他“以国家工作人员

① 刘峥：“商业贿赂犯罪立法缺陷探析”，载《法律适用》1998年第4期；刘远：“商业贿赂犯罪的概念与立法”，载《华东政法学院学报》2006年第5期。

论”的人而言，则存在疑问。在改革前的计划经济体制下，党政、政企、政事高度合一，国有的公司、企业、事业单位的工作人员，在身份上是国家干部，在职能上，是代表国家管理一定的事务，即从事公务。因此，对其执行公务过程中发生的贿赂行为，认定为公职贿赂犯罪具有合理的经济、政治制度基础。而在改革后，这种合理的经济、政治制度基础已不复存在，尤其是随着现代干部管理制度的建立，国有企事业单位均不再直接体现国家行政管理职能，其工作人员的行为也很难说具有“公务”性质。[①] 应看到，国有公司、企业作为平等的市场主体参与市场竞争，其为了追求经济利益的经营活动在本质上行使的是社会权力，而非为了公共利益的公共权力。因此，在我国目前的政治经济体制下，国家工作人员的行为并非都具有“公务”性质，对其中发生的贿赂犯罪，也不能一概认定为“公职贿赂犯罪”或“公务贿赂犯罪”。

详细而言，国家工作人员在纯粹执行公务时利用公共权力受贿的，应认定为受贿罪，相应的行贿行为应认定为行贿罪，这才是真正意义上的公职贿赂犯罪。除此之外，国家工作人员（如国有公司、企业、事业单位的工作人员）在市场经济中为追求经济目的而行使社会权力的行为，因为具有商业交易的性质，对其中的受贿行为应认定为商业受贿罪，相应的行贿行为应认定为商业行贿罪，这才是真正意义上的商业贿赂犯罪。如《刑法》第 385 条第 2 款规定的“国家工作人员在经济往来中，违反国家规定，收受各种名义的回扣、手续费的，归个人所有的……”和与之对应的行贿行为。推而广之，《刑法》第 385 条至第 393 条之规定既包含了公务贿赂犯罪，也包含了商业贿赂犯罪。商业贿赂犯罪与《刑法》第 385 条至第 393 条之间存在一定的交叉重合部分，由此决定了它们之间不可能是非此即彼的

---

① 李洁：“受贿罪法条解释与评析”，载《河南省政法管理干部学院学报》2003 年第 5 期。

对立范畴。

上述结论的现实意义还在于，目前不少国有公司、企业、事业单位因为历史原因，还拥有其他非国有公司、企业所没有的垄断地位和竞争优势，他们的竞争行为更容易侵犯公平的市场竞争秩序，因而是商业贿赂犯罪不可忽视的规制对象。这也与目前中央治理“商业贿赂”时，着重处罚国家工作人员在商品购销、工程建设、资源开发、金融服务等领域的贿赂行为这一理念相吻合。但是，目前司法实践的普遍做法却是将大量国有公司、企业工作人员的这些商业贿赂行为以“受贿罪”定罪，这种张冠李戴的做法其实是刑法分则缺乏商业贿赂犯罪的罪名条款的无奈之举。因此，要厘清我国当前贿赂犯罪体系的混乱局面，不能仅仅寄希望于一两个司法解释，而应尽早对商业贿赂犯罪进行单独立法。

（四）相关争议行为的解读

正因为对商业贿赂犯罪的定义存在争议，因此，相关的行为是否构成商业贿赂犯罪也存在分歧，笔者在此主要介绍几种有争议的行为。

1. 医疗领域的商业贿赂犯罪问题

我国医疗领域药品、设备、耗材的基本流转程序为：生产商→经销商→医院（医生）→病患，但并非每一个环节都可能构成商业贿赂犯罪。从笔者前述的商业贿赂犯罪的特征来看，是否构成医疗领域的商业贿赂犯罪，也应根据行贿主体、目的及其发生的领域来判断。下面将通过商业交易中药品、设备、耗材的流转程序来考察可能构成商业贿赂犯罪的各个环节、相关人员和相关行为。一般认为，在“生产商→经销商”这一环节中，存在商业贿赂犯罪是没有争议的。这是典型性的药品流通领域的交易行为，对于发生在这一流程的贿赂行为，定为商业贿赂犯罪是合适的。有争议的是如下行为：

(1)医生利用开处方收受药商回扣的定性问题

当前,商业贿赂已成医药企业推销药品的主要竞争砝码,医疗机构的医生在临床诊疗活动中,利用开处方的便利,收受药品、医用设备、医用耗材等生产、经营企业或经销人员以各种名义给予的财物、回扣或提成,已成普遍现象。对于这种行为如何定性,是否构成商业贿赂犯罪,还存在争议。有学者认为,国有医院的医生利用开处方收受药商回扣的行为构成《刑法》第385条的受贿罪,而非国有医院医生的此种行为应构成《刑法》第163条的非国家工作人员受贿罪。①

笔者认为,无论是国有医院还是非国有医院医生利用开处方收受药商回扣的行为都应该认定为商业贿赂犯罪。虽然在形式上,医生开具处方的行为仅是运用自己的专业知识和技能为患者提供相应的服务,但实际上,从目前医药一体、以药养医的体制来看,医生的这种行为事实上已经参与到医院与药品经销商之间的商业交易中来,并对商业交易起到了决定性的作用。因此,医生的处方权实质上就是医院药品的购销权,这是因为:首先,处方行为间接决定了药品的采购(包括药品的数量和种类)。医生的职业特点决定了他在开处方时,有权在不同种类药品、同一种类药品的不同厂家中进行自由选择,并决定药品的数量的多少。其次,处方行为直接决定了药品的销售。医生一旦选择了某一品牌的药品,就等于在该次临床业务上将购销活动的对象选定为生产经营该品牌药品的经营者,并排斥了其他同类经营者的竞争机会。② 正是因为医生的处方权对药品的购销起着决定性的作用,才成为药品经销商的行贿目标。医

① 王斗斗:"医生吃回扣以受贿罪定罪引发争议",载《法制日报》2005年6月14日第4版。

② 康瑛:"医药购销领域有关商业贿赂行为的定性研究",载《法律适用》2006年第9期。

生通过“多开药”等方式帮助药商销售药品，实质是介入了药品的管理活动。如笔者前述，能进入商业交易领域的市场主体主要是公司、企业或其他单位，既包括国有的，也包括非国有的，关键是看这些市场主体所从事的活动是否具有商业交易的性质。因此，无论是国有医院的还是非国有医院的医生利用开处方收受药商回扣的行为都应该认定为商业贿赂犯罪。

（2）医生收受红包的行为

医患之间的“红包”问题，是指医生在诊疗过程中收取患者及其亲友给予的礼金的行为。对这种行为，如何定性，也存在争议。虽然《执业医师法》中规定：医师不得利用职务之便，索取、非法收受患者财物或者牟取其他不正当利益，但这种行为是否就构成大家所认为的商业贿赂犯罪呢？

笔者认为，医生所从事的诊疗行为并不是发生在商业往来中，患者给予医生红包并不是为了寻求经济上的利益，而是为了确保医生能尽职尽责地为自己诊断治疗，更多的是对生命健康权利的追求。因此，这种行贿受贿行为并不具有商业交易的性质，因而不构成商业贿赂犯罪。从目前的司法实践来看，这种观点已得到了实务部门的认可。2006 年 8 月 9 日，北京市卫生局指出：“红包”不属商业贿赂，不在打击商业贿赂及其收缴账户范围内。北京市卫生局治理商业贿赂领导小组解释说，商业贿赂是生产厂家、医药公司和医疗机构之间的不正当交易行为，而“红包”则是指医患之间收送的礼金。收送“红包”属于不正之风，也要认真进行治理，但与商业贿赂是不同性质的问题。

可见，在“生产商→经销商→医院（医生）→病患”这一流转程序中，“医院（医生）→患者”这一环节并不可能构成商业贿赂犯罪，商业贿赂犯罪只可能存在于其他几个环节。根据北京市卫生局相关规定，卫生行业今年治理五大方面的商业贿赂主要包括：一是医疗机构负责人或有关工作人员，在药品、医用设备、医用耗材等采购活动中，收受生产、经营企业及其经销人员以各种名义给予的财物或回扣的行为；二是医疗机构的医务人员，在临床诊疗活动中，收受药品、医用设备、医用耗材等生产、经营企业或经销人员以各种名义给予的财物或提成的行为；三是医疗机构接受药品、医用设备、医用耗材等生产、经营企业或经销人员以各种名义给予的财物，不按照行政事业财务会计制度规定明确如实记载、私设小金库、用于少数人私分的行为；四是医疗卫生机构有关人员在基建工程、物资采购、医院转制、招标等活动中，收受有关人员以各种名义给予的财物的行为；五是卫生行政机关工作人员利用权力，在医药购销和工程招标等活动中，收受有关企业和经销人员以各种名义给予的财物的行为。笔者对这一界定表示认可，因为这五类行为都符合笔者前述商业贿赂犯罪的定义，对其中情节严重的，应该认定为商业贿赂犯罪。

2. 高校教师收受贿赂行为的定性

近年来，随着中央反商业贿赂行为的展开，高校教师的贿赂行为也逐步进入司法机关的视野。据悉，从 2001 年到 2006 年，教育系统共查结商业贿赂案件 577 件，涉案金额总计 7379.5 万元，657 人涉案，414 人受刑事处罚。这些案件主要发生在教育系统的教材、教辅、图书的编审、印刷、发行、选用、购销，同时涉及教学仪器设备、大宗物资、医药购销和工程建设、产权交易、政府采购等方面，行为表现为以各种名义给予和收受“回扣”、“手续费”及其他利益，以及在账外暗中收受财物私存私分的问题。[①] 然而，这些行为是否都构成商业贿赂犯罪，还值得分析。

目前发生在高校的贿赂行为主要有两类：一是涉及高校行政管理，即为了升学、评职称、招生、找工作之类而贿赂高校教师或领导

---

① 李亚杰：“中国教育系统 6 年查结商业贿赂案涉案额 7000 万”，载 http://www.chinacourt.org/public/detail.php？id=257417&k_title=商业贿赂&k_content=商业贿赂&k_author=，访问日期：2007 年 7 月 19 日。

的行为;二是高校作为市场主体参与商业交易,高校工作人员收受贿赂的行为,如在工程建设、物资采购等事项中的贿赂行为。在高校,教材和图书采购、物资设备采购、工程建设、后勤集团、校办企业、附属医院等部门和领域都容易发生商业贿赂行为,其中工程建设、教材和图书采购环节存在的问题最为突出。如笔者前述,是否构成商业贿赂犯罪,应根据行贿主体、目的及其发生的领域来判断。以此为标准,不难发现,第一类发生在高校的贿赂行为,行贿主体并非经营者,行贿目的也不是为了经济利益,贿赂行为也没有发生在商业往来中。这类行为并不具有商业交易的性质,因而不构成商业贿赂犯罪。如果受贿主体是国有高校,则应构成《刑法》第 385 条规定的受贿罪;如果受贿主体是非国家工作人员,则应认定为《刑法》第 163 条规定的非国家工作人员受贿罪。对于第二类贿赂行为,无论其主体是国立高校的教师还是非国立高校的教师,其本质是一种商业交易行为,因而构成商业贿赂犯罪。

第二节　商业贿赂犯罪的刑事立法

市民社会(civil society)首先是作为一种思想观念而存在的,其次它又表现为一种社会制度结构。此种意义上的市民社会与国家相对,是指在那些源出于保护个人自由的思考以及反对政治专制的近代自由主义政治思想、源出于对市场经济的弘扬以及对国家干预活动的应对的近代自由主义经济思想的基础上而逐渐产生的相对于国家以外的实体社会。①

必须承认在我国这样一个政治主导型的国家,市民社会的理论

① 邓正来:“国家与社会——中国市民社会研究的研究”,载邓正来、[美]杰弗里·亚历山大主编:《国家与市民社会》(增订版),世纪出版集团、上海人民出版社 2006 年版,第 483 页。

远落后于政治国家,导致存在于市民社会的商业贿赂立法也远落后于公务贿赂犯罪,尤其是在刑法中,缺乏专门惩治商业贿赂犯罪的条款。因此,笔者试图论述国家、市民社会的二元社会结构与公务贿赂犯罪、商业贿赂犯罪的二元划分之间存在内在一致性,民众对两种贿赂犯罪的情感诉求也完全不同,这些都要求我们在刑法中确立商业贿赂犯罪的应有地位。而纵观我国《刑法》有关贿赂犯罪的条文,并没有专门针对商业贿赂犯罪的条款,因此,商业贿赂犯罪的刑事立法应成为必然。

一、商业贿赂犯罪刑事立法的社会根基

(一)二元的社会结构与贿赂犯罪的二分法

不可否认,市民社会理论是一个极具争议的话题,不同的国家、不同的学者都有不同的市民社会理论,但我们还是可以从中发现市民社会的两个主要特征:(1)市民社会的自身特征——私有财产。私有财产的确立,使每个市民都可以并愿意通过自己的努力为自己创造一定的生存空间(包括物质和精神的),从而不受国家控制,抵御公权的扩张,更具底蕴意义的是它代表着与国家相对的私人领域、私人利益、私人权利、私人自由、私人关系的总和。(2)外部特征——独立于国家。市民社会独立于政治国家有几层含义:"首先,市民社会的存在以政治国家为前提,也就是说,市民社会区别于政治国家而存在;其次,在运行过程中,市民社会在设定领域内依照自身特有的组织与机制运作,拒绝国有权力的渗入;最后,市民社会作为私权的集合体,可以与国家这一公权主体进行对话,从而达致双

方利益均衡而不至于一方权利(力)滥用,这就是它的“议价”功能。”①

从市民社会、市场与国家的关系来看,在市场经济社会,市民社会依赖于市场经济模式而建立,这种社会特别关注个体利益而非政治化的私域,并因此与关注普遍利益的政治化公域相区别。② 或者说,“与建立在严格的权力划分和制度约束基础上的政治国家不同,市民社会乃是以一种普遍的契约关系和契约精神建立起来以保证其良性运行与协调发展的自治领域。而市场经济很大程度就是契约经济,即独立、平等的市场主体在契约自由和责任自负的基础上,自由、平等地参与经济活动。政治国家只是通过法律和政策,进行宏观性间接调控。”③

所谓贿赂,是指“私赠财物而行请托”,具体而言,是指为改变某人,特别是处于受人信任地位的人的观点、意见或腐蚀其行为而给予承诺或给予金钱、财物或其他形式的利益的行为;贿赂犯罪是指为了非法影响公务或业务活动,自愿地给付或接受非法报酬的行为。④ 贿赂犯罪的产生、发展与国家、市民社会的二元社会结构的形成和演变之间具有内在一致性和相关性。在人类历史的早期,政治主导着国家,人们的利己诉求完全受国家的全面支配,因此,贿赂犯罪主要表现为公务贿赂犯罪;而随着市场经济的形成、发展和市民社会的逐步成熟,人们的利己诉求相对独立于政治国家,并主要通过市场来实现。贿赂犯罪相应地出现了一种新的形态,即发生在市

① 单飞跃:《经济法理念与范畴的解析》,中国检察出版社2002年版,第199~203页。

② 赵万一:《商法基本问题研究》,法律出版社2002年版,第6~7页。

③ 吴巧瑜:“论与市场经济、民主政治良性互动的市民社会”,载《广东行政学院学报》2005年第6期。

④ 《辞海》缩印本,上海辞书出版社,第728页;《元照英美法词典》,法律出版社2003年版,第175页。

场经济中的商业贿赂犯罪。详细而言,在市民社会,人身、自由、财产等基本权利是人的一切社会行动的基础,市场化是人类社会行为的主要特征;利己的本性使得人们通过市场相互竞争,人类的共存与发展要求,促成和演化出了一套自由公正的竞争规则,在市场经济中它主要表现为公平竞争规则。但是对公平竞争规则的遵从往往只能获得平均利润,而突破竞争规则可以获得垄断利润,为此,市场主体不惜通过各种手段来突破公平竞争,这就是商业贿赂犯罪的来源。它完全不同于那些建立在严格的权力划分和制度约束基础上的政治国家领域中的公务贿赂犯罪。

国家、市民社会的二元结构和公务贿赂犯罪、商业贿赂犯罪的二元划分具有内在的一致性,这也与我国改革开放后的社会结构变迁,以及经济政治乃至法治进程相契合。传统上我国是一个一元化的国家,整个国家的政治、经济、社会生活都是以政府为中心展开的,政府控制着一切权利和资源。自20世纪70年代末以来,我国开始通过改革开放而启动了市场化、民主化进程,经济体制实现了由计划经济向市场经济的转变,政治上逐步实现了党政分开、政企分开;政府逐步放开并退出社会生活,公民的私人空间逐步扩大,非政府组织在社会领域承担起了越来越多的公开管理活动,市民社会才得以显现。① 我国也逐步实现了由社会一元化向政治国家与市民社会二元化的转变。

在一元化的社会,由于国家对社会的高度控制,当时的中国并不存在市场经济,也没有市民社会的生存土壤,更不存在市场主体为谋求私利而贿赂的情况,当然也不可能产生商业贿赂犯罪。从当时有关贿赂犯罪的刑法规定来看,反贿赂主要是在政治层面上惩治国家工作人员的受贿犯罪,因此我国《刑法》只规定了公务贿赂犯罪,

---

① 曲新久:"惩治商业贿赂犯罪的基本思路",载《华东政法学院学报》2006年第5期。

而没有规定商业贿赂犯罪。如在1952年中央人民政府公布的《中华人民共和国惩治贪污条例》中,将一切国家机关、企业、学校及其附属机构的工作人员索贿受贿行为均按贪污罪处理(当时称之为大贪污概念,它不仅包括非法占有国家财物,而且包括索贿、受贿以及其他假公济私行为);1979年颁布的《中华人民共和国刑法》规定,一切国家机关、企业、事业和其他依照法律从事公务的人员利用职务上的便利,收受贿赂的行为均构成受贿罪(其在分则中没有对商业贿赂罪进行专门的规定,只在第八章渎职罪中规定了受贿罪和行贿罪)。

而在我国经济体制改革后,市场经济迅速发展,市场主体日益多元化、复杂化,在不少商事管理和商事交易中,各种市场主体为谋求私利而出现了大量钱权交易、行贿受贿的行为,这种私人事务之间的钱权交易显然不同于国家工作人员在从事国家公务管理活动中的以权谋私,其社会危害性也显而易见,应该纳入我国《刑法》的调整范围。1982年《关于严惩严重破坏经济的罪犯的决定》的颁布标志着在经济领域贪污贿赂行为已引起立法者的关注。1993年施行的《反不正当竞争法》第一次在立法上明确对商业贿赂问题作出规定,但并没有说明什么是商业贿赂。1996年国家工商行政管理总局颁布的《关于禁止商业贿赂行为的暂行规定》可以说是我国政府机关第一次正式提出商业贿赂的概念。同时其他多个涉及不同行业的法律法规也对商业领域的具体贿赂行为作了处罚规定。此后,1995年颁布的《关于惩治违反公司法的犯罪的决定》以及最高人民法院《关于办理违反公司法受贿、侵占、挪用等刑事案件适用法律若干问题的解释》中关于"公司和其他企业的董事、监事、职工利用职务上的便利,所取或者收受贿赂,数额较大的,构成商业受贿罪"的规定,这是我国第一次正式在司法领域确认了商业贿赂罪。但我国《刑法》却一直没有规定专门的商业贿赂类犯罪或商业贿赂罪,只是有多个涉及贿赂类犯罪的罪名,但如笔者后文所述,这些罪名也并非专门针对商业贿赂犯罪而设，因而无法有效地惩治商业贿赂犯罪。①

可以预见，随着我国市场经济的发展，它必将是主导我国经济生活的主要制度，对于发生在市场交易中的商业贿赂行为，是我国社会经济生活中不可回避的现实，也是我国法律必须要面对的问题。尤其是在我国加入《联合国反腐败公约》后，该公约所规定的惩治商业贿赂的法律规范，也是我国反商业贿赂法律体系的重要组成部分，因此，在《刑法》中设立专门的商业贿赂犯罪就更加具有紧迫性。

（二）民众对不同贿赂犯罪的情感诉求差异和贿赂犯罪的二分法

在政治国家与市民社会二元分立的条件下，植根于市民社会的商业贿赂与存在于政治国家的公务贿赂之间存在诸多的不同之处，正如有学者所说："在我国目前的国情下，公共权力的寻租与租用应该与社会权力的寻租与租用分开来进行评价。在我国当前的社会转型期，传统的自然经济伦理及建立于其上的专制政治伦理尚未退潮，而现代的市场经济伦理及建立于其上的民主政治伦理尚未确立，因此表征社会权力寻租与租用关系的贿赂犯罪与表征公共权力寻租与租用关系的贿赂犯罪之间，最为重要和关键的不同莫过于两者所引起的社会道德情感反应的不同，或者说，莫过于国民报应欲求的不同。"②的确，民众对发生于"官场"的贿赂与发生于"商场"的贿赂的反应是不同的，因而在立法上也有必要加以区分。

① 刘远："商业贿赂犯罪的概念与立法"，载秦瑞基、胡常龙主编：《商业贿赂犯罪问题研究》，山东大学出版社2007年版，第14～15页。

② 刘远："商业贿赂犯罪的概念与立法"，载《华东政法学院学报》2006年第5期。

对于发生在“商场”中的贿赂，民众普遍持有认同感。[①] 这主要是因为我国目前的商业规则仍沿袭人情社会的商业习惯。人情社会的一个显著特点就是以人情亲疏差序来处理人与人之间的事务，导致商业交易的进行与完成过分地依赖人情因素，而不是出于对公共契约的信赖与遵守，随着社会交往的日益复杂，昔日基于地缘、亲缘上的人情关系，不得不借助行贿手段维持。也就是说，在脱胎于人情社会的商业规则中，商业贿赂作为维持人情关系的主要手段，是市场主体生存不可缺少的法宝。可见，公共契约的空疏和人情关系的偏重，构成今天商业交易的路径依赖，促使了商业贿赂的流行和繁盛。[②]

人情社会不仅导致了公众对商业贿赂的认同和效仿，而且导致了商业贿赂集体意识这一社会传统的形成。涂尔干从社会学的角度认为，“集体意识”作为一种社会心理形式，是“社会成员平均具有的信仰和感情的总和，构成了他们自身明确的生活体系”，它作为一个整体散布在整个社会范围内，要求每个社会成员都要作为社会分子而具有同样的信仰和行动。集体意识代表了一个社会共有的理想、价值观和行为准则，便于同一社会的人相互预知对方的行为所代表的含义。[③] 用这种“集体意识”来分析中国的商业贿赂传统，不难发现，“用金钱开路”一直是中国商人的传统做法，也是中国传统

---

① 2006 年 3 月南开大学与中央党校进行了一项问卷调查，统计民众对商业贿赂的反响如何。调查结果表明，有 72.72% 的被访者认为，在中国做生意，给回扣、好处费和请客送礼的现象很普遍。当被问及在做生意时是否会选择给回扣、好处费和请客送礼的行销手段时，76.64% 的被访者选择会。而被问及如果不行贿、不请客送礼，生意能否做好时，9.79% 的人认为能做好，72.03% 认为做不好、只能勉强维持，18.18% 认为肯定要做垮。参见 http://www.sqjw.gov.cn/view.asp? net =4722，2006 年 8 月 2 日访问。

② 吴钩：“人情社会与商业贿赂”，载《南方周末》2006 年 3 月 19 日第 8 版。

③ 罗洪洋：“腐败何以不为‘罪’——对中国传统社会官员贪贿横行的法文化解释”，载《法制与社会发展》2007 年第 1 期。

商业往来中的集体意识。依此规则行事者往往能心想事成;而违背此规则者,则往往受挫。因此,商人会用商业贿赂来打通层层关节,寻求生存与发展,而老百姓不仅不痛恨这种商业贿赂,反而会对其表示"同情和理解",甚至遇事也会效仿商业贿赂的做法。在此背景下,民众一般不会对商人赋予过高的伦理期待。无论是一代巨商胡雪岩的传奇故事,还是《大宅门》或者《乔家大院》,都可以看作是对中国传统商业贿赂文化的解读。

相反,对于发生在"官场"的贿赂行为,民众向来都深恶痛绝。中国人有着根深蒂固的"清官文化",民众也对清官寄予了较高的价值期望和伦理期待,反对为官者"重利轻义","从严治吏"一直是我国历朝历代的一贯宗旨。① 传统的中国人或许没有西方国家那种权力意识,认为自己将私人权力的一部分转让给了国家,作为国家代表人的公职人员就理应尽职尽责,不能因公徇私。但不可否认,国家官吏历来被视为民之父母,不仅是民众直接的衣食来源,而且是他们的道德标榜。我国自古就有"学而优则仕"的说法,民众对官员往往寄予厚望,希望他们能廉洁守法,为老百姓造福,而不是贪赃枉法。相比较而言,官场的贿赂比商场的贿赂更不能为民众的道德情感所容忍,或者说更容易引起民众的强烈反应。

可见,从社会文化的角度来讲,发生于"商场"的贿赂与发生于官场的"贿赂"在我国的文化背景下有着完全不同的伦理意蕴和社会意义,民众对之也有不同的情感诉求。因此,在市场伦理刚刚开始培育,仍由政治社会主导的中国,作为国民欲求之平均值的刑法,应当对这种现实予以必要的体察和尊重,并以此为基础对社会伦理文化的发展予以适当的引导。正如有些学者所说的,只有在立法上

---

① 刘远、鲁晨生:"论商业贿赂与公职贿赂的立法分立",载赵秉志主编:《和谐社会的刑事法治》(下卷:商业贿赂犯罪研究),中国人民公安大学出版社 2006 年版,第 1467～1468 页。

将商业贿赂犯罪与公务贿赂犯罪相对称，才能做到在我国国情下对商业贿赂犯罪的事实判断与价值判断的有机统一。[①] 这也是本书下述评价现行立法的基调。

二、商业贿赂犯罪刑事立法的法律根据

从立法历史来看，我国贿赂犯罪体系一直都是依受贿主体的不同而进行划分的。最初，我国现行《刑法》依主体的不同，将自然人的受贿犯罪分为两类：一类是国家工作人员的受贿罪；另一类是《刑法》第 163 条公司企业人员受贿罪。过去争议比较大的是认为这种分类并不严密，没有涵盖所有的贿赂犯罪。因为从逻辑上讲，自然人主体可以分为国家工作人员和非国家工作人员，而公司企业人员并不等于非国家工作人员，这就意味着那些既不属于国家工作人员又不属于公司企业人员的人的受贿犯罪得不到惩罚，形成了法律上的"真空地带"。为了弥补这一漏洞，立法机关在 2006 年 6 月通过的《刑法修正案（六）》中，将《刑法》第 163 条公司、企业人员受贿罪的犯罪主体扩大为"公司、企业或者其他单位工作人员"。大多数学者也将本罪的罪名确定为"公司、企业、其他单位工作人员受贿罪"。[②] 这样，我国的贿赂犯罪体系就演变成了与公司、企业或者其他单位工作人员有关的贿赂犯罪和与国家工作人员有关的贿赂犯罪。但不少学者认为，将《刑法》第 163 条确定为"公司、企业或者其他单位人员受贿罪"存在下列问题：一是本罪的罪名不够简练，有违罪名的精简原则；二是如何确定"其他单位人员"的范围，从我国目

---

① 刘远："商业贿赂犯罪的概念与立法"，载《华东政法学院学报》2006 年第 5 期。

② 刘艳红主编：《刑法学各论》，北京大学出版社 2006 年版，第 190 页；李立众整理：《刑法一本通》，法律出版社 2006 年版，第 126 页。

前的经济体制来看,这似乎是一个不容易解决的问题。本着"依法、准确、简练、稳定"的原则,"两高"于2007年11月联合公布了《关于执行〈中华人民共和国刑法〉确定罪名的补充规定(三)》,将《刑法》第163条罪名正式确定为"非国家工作人员受贿罪"。这样,我国现行贿赂犯罪体系依主体的不同划分为:与非国家工作人员有关的贿赂犯罪和与国家工作人员有关的贿赂犯罪。

由上述可知,我国贿赂犯罪体系的变迁其实就是《刑法》第163条立法变动的结果。从立法沿革看,我国《刑法》第163条的犯罪主体经历了"公司、企业人员"→"公司、企业、其他单位人员"→"非国家工作人员"的演变。这一发展趋势显示了我国《刑法》第163条犯罪主体的适用范围日益扩大,外延极尽周延,涵盖了所有非国家工作人员的受贿行为。但是,这些立法变动虽然能使该罪涵盖更多的除公务贿赂犯罪以外的其他贿赂犯罪,但并非针对商业贿赂犯罪而设的,因而无法有效地惩治商业贿赂犯罪。

从各部门法间的关系来看,刑法一直是其他部门法的保护法,对其他部门法所保护的法益也必须进行保护。竞争法中关于商业贿赂行为的规定保护的法益是公平市场竞争秩序,相应的,作为竞争法保护法的刑法在规制商业贿赂犯罪时,也必须以保护公平的市场竞争秩序为目的。根据我国《反不正当竞争法》第22条规定:"经营者采用财物或者其他手段进行贿赂以销售或者购买商品,构成犯罪的,依法追究刑事责任。"从我国竞争法过去的执法实践看,对于商业贿赂犯罪行为一直适用《刑法》第163条的公司、企业人员受贿罪和第164条的对公司、企业人员行贿罪,这已经是竞争法的通说。①虽然"两高"于2007年11月联合公布的《关于执行〈中华人民共和国刑法〉确定罪名的补充规定(三)》将《刑法》第163条更名为"非

① 种明钊:《竞争法》,法律出版社2005年版,第164页;孔祥俊:《反不正当竞争法新论》,人民法院出版社2001年版,第813页。

国家工作人员受贿罪”、《刑法》第164条更名为“对非国家工作人员行贿罪”,但我们仍然可以预见,除非立法上有明确的商业贿赂犯罪条款,否则今后执法机关仍将适用《刑法》第163条和第164条的规定来惩治竞争法中应受刑罚处罚的商业贿赂行为。

那么,刑法是否为竞争法规定的应受刑法处罚的商业贿赂行为配备了相应的罪名和刑罚处罚呢?笔者认为答案是否定的。

(一)《刑法》第163条非国家工作人员受贿罪无法惩治商业贿赂犯罪

从理论上来讲,刑法并不创设法益,只是对其他部门法所确定的法益加以保护。因此,《刑法》第163条和第164条能否为竞争法中的商业贿赂行为提供刑法依据,就要看公平的市场竞争秩序在《刑法》第163条、第164条中处于一个什么样的地位。首先,公平的市场竞争秩序不可能是该罪的主要客体。因为立法者将《刑法》第163条、第164条规定在妨碍对公司、企业的管理秩序罪这一节,那么它的主要客体应该与对公司、企业的管理秩序有关并从属于它,但公平的市场竞争秩序虽与公司、企业的管理秩序有一定联系,却不具有从属关系。其次,公平的市场竞争秩序也不可能是该罪的次要客体。所谓次要客体“是指某一具体犯罪所侵犯的复杂客体中程度较轻的,刑法予以一般保护的社会关系,也称辅助客体。……对于复杂客体的犯罪来说,除主要客体外,次要客体也是犯罪构成的必要要件”。[①] 可见,次要客体虽不如主要客体重要,但是它也是构成犯罪所必须侵犯的客体。而《刑法》第163条、第164条之罪并不必然侵犯公平的市场竞争秩序,如下级员工为了职位升迁而贿赂上级主管人员的行为,虽然侵犯到公司、企业的管理秩序,但并不侵犯公平的市场竞争秩序。最后,公平的市场竞争秩序只可能是《刑法》第163

① 高铭暄、马克昌主编:《刑法学》,北京大学出版社、高等教育出版社2000年版,第60页。

条、第164条的随机客体。“随机客体是指在某一具体犯罪侵犯的复杂客体中由于某种机遇而出现的客体。”与主要客体、次要客体不同,随机客体是构成犯罪的选择性要件,可以出现,也可以不出现。在《刑法》第163条、第164条的规定中,只有非国家工作人员作为市场主体参与市场交易时受贿的,才可能侵犯公平的市场竞争秩序。

应该看到,随机客体是建立在主要客体基础之上,如果某一行为只侵犯该罪随机客体而没有侵犯主要客体,不构成该罪,只能构成其他犯罪。因此,当非国家工作人员参与市场交易而受贿的,虽然侵犯了公平市场竞争秩序,但并没有侵害公司、企业管理秩序,不应构成《刑法》第163条之罪。在德国曾有这样一个案例:一名香槟销售商向一家酒店的侍者给付所谓的“开瓶费”,条件是侍者向酒店客人成功地推销该酒商经销的特定品牌的香槟酒。酒店老板对这件事情的整个过程都知晓,并且默认了侍者和酒商之间的这种做法。德国帝国法院认为,香槟酒商人的行为构成商业贿赂行为。因为构成商业贿赂犯罪无须实际损害了受贿人业主的利益,而在于其是否侵害了公平的市场竞争秩序。① 显然在我国,该酒店侍者的行为只可能构成商业受贿罪,而不会构成非国家工作人员受贿罪,因为在我国要构成非国家工作人员受贿罪必须先侵犯公司、企业的管理秩序,构成本罪重点是考虑公司、企业的利益。② 上述案件中,侍者收取“开瓶费”的行为显然得到了店老板的默认,并未侵犯本公司的利益,而是侵犯了作为随机客体的公平市场竞争秩序,因而应构成商业受贿罪,而不是非国家工作人员受贿罪。

---

① 邵建东:《德国反不正当竞争法研究》,中国人民大学出版社2001年版,第233页。

② 杜辉:“论公司、企业人员受贿罪的犯罪客体”,载赵秉志主编:《和谐社会的刑事法治》(下卷:商业贿赂犯罪研究),中国人民公安大学出版社2006年版,第1345~1347页。

不难想象，正是由于《刑法》第 163 条、第 164 条对商业贿赂犯罪似立非立的状况，才导致商业贿赂犯罪的社会危害性一直没有受到应有的重视，缺乏《刑法》的威慑力和严肃性。从新《刑法》实施至今，市场经济快速发展的这 10 年里，大量的商业贿赂行为严重泛滥，不能说和立法上的欠缺毫无关系。在 2006 年中央反商业贿赂的刑事政策倡导下，一直隐居于市场经济下的商业贿赂才真正引起人们的重视，笔者也认为有必要借此机会纠正过去立法上的偏差，真正明确商业贿赂犯罪在刑法中的应有地位。

（二）《刑法》第 385 条规定的受贿罪不应用来惩治商业贿赂犯罪

此外，《刑法修正案（六）》和《关于执行〈中华人民共和国刑法〉确定罪名的补充规定（三）》都在《刑法》第 163 条第 3 款规定了："国有公司、企业或者其他国有单位中从事公务的人员和国有公司、企业或者其他单位委派到非国有公司、企业以及其他单位从事公务的人员有前两款规定的，依照本法第 385 条、第 386 条的规定定罪处罚。"即按受贿罪定罪处罚。我国不少学者也认为，可以用受贿罪来处罚商业受贿罪，如前述的广义的商业贿赂犯罪概念便是采用了这种观点。笔者认为，国家工作人员受贿罪同样无法用来处罚商业受贿罪。

《刑法》第 385 条和第 386 条规定的受贿罪的主体是国家工作人员。根据我国《刑法》第 93 条的规定，国家工作人员又分为国家机关工作人员和"其他依照法律从事公务"的准国家工作人员。从立法原意上讲，我国《刑法》对国家工作人员、准国家工作人员"从事公务"的规定有一个共性，即代表国家从事管理活动，具体表现为代表国家行使对国家、社会公共事务的组织、领导、管理、监督等职能活动。区别在于代表国家、社会公共利益的程度、范围不同。因此，是否代表国家从事管理活动，是区分国家工作人员、准国家工作人员与非国家工作人员的主要标志，也是《刑法》第 93 条规定"从事公务”的最本质内涵。①

但是，由于我国《刑法》第93条对“国家工作人员”范围的规定过于广泛，导致对“从事公务”内涵的多重理解，从而偏离了“从事公务”所具有的对国家、社会公共事务进行管理的立法原意。换句话说，《刑法》第93条将一些本不该成为国家工作人员的其他社会主体归纳进来，导致立法上同一罪名包括了不同性质的犯罪。详细而言，国家机关中从事的“公务”，国有公司、企业、事业单位、人民团体中从事的“公务”，被委派到非国有公司、企业、事业单位、社会团体中的人从事的“公务”，三者的性质是不同的。第一个“公务”是行使公共权力所进行的公共管理事务，在社会共同体中具有普遍意义；第二个“公务”则要具体分析：对于那些垄断性的国有公用企业、公益事业单位以及具有准政党性质的人民团体才是从事具有公共管理性质的“公务”（公共服务），而其他竞争性的国有公司、企业、事业单位则不从事公共服务，只是进行营利性的社会服务；第三个“公务”只是社会组织内部意义上的“公务”，从社会整体的角度来讲完全是其“私务”。因此，对于从事第一个“公务”的人受贿应按受贿罪论处，对于从事第二个“公务”的人的受贿行为则要区别对待：对于垄断性国有公用企业、公益事业单位以及人民团体中从事公务的人员受贿的，以受贿罪论处，而对于竞争性国有公司、企业、事业单位中从事公务的人员受贿的，以商业受贿罪论处；对于从事第三个“公务”的人受贿的，无论其是否是国有单位委派而来的，都应以商业受贿罪论处。②

需要指出的是，对国家工作人员所从事“公务”的多重理解，并

① 何仁利：“对国有公司、企业中国家工作人员认定的探讨”，载《政治与法律》2001年第6期。

② 刘远：“商业贿赂犯罪的概念与立法”，载秦瑞基、胡常龙主编：《商业贿赂犯罪问题研究》，山东大学出版社2007年版，第5页。

不能成为我们援用公务贿赂犯罪条款来处罚商业贿赂犯罪的理由，只能说明我国《刑法》对“国家工作人员”的规定存在问题。早有学者指出，如果坚持受贿罪客体是公职行为廉洁性，就应该对《刑法》第93条“国家工作人员”进行纯化，将其限定为国家机关工作人员，这样才符合“从严治吏”的特殊目的；将“以国家工作人员论”的其他社会主体排除在受贿罪犯罪主体之外，因为这些主体的行为不可能侵犯受贿罪的客体。当然，对这部分人员的受贿行为并非不处罚，而是将其作为一般的受贿犯罪，不再作为渎职性犯罪，以还该类罪的本来性质。①

笔者认为，在特殊主体的犯罪中，要求特殊主体的理由都与犯罪客体具有密切联系，确切地说是特殊犯罪主体的设定对犯罪客体具有一定的依赖性。如果认为公务贿赂犯罪客体是公职廉洁性，那么其犯罪主体只能是国家工作人员，即对国家、社会公共事务进行管理的人员；如果认为商业贿赂犯罪客体是公平市场竞争秩序，那么其犯罪主体只能是从事商事交易的普通民事主体。那种认为国家工作人员实施的商业受贿罪既侵犯了公职行为的廉洁性，又侵犯了公平的市场竞争秩序的观点是不正确的。② 因为，同一犯罪主体在实施同一受贿行为时只可能具备一个身份，而不可能同时具备几个性质迥异而又并列的身份。国家工作人员要么作为公务员在履行公共职责，此时，其受贿行为只可能侵犯公职廉洁性从而构成受贿罪；要么作为平等市场主体在商业交易中从事商业活动，此时，国家工作人员以民事主体的身份来履行其商事交易义务，其受贿行为只可能侵犯公平的市场竞争秩序从而构成商业受贿罪。显然，国家工

---

① 李洁：“受贿罪法条解释与评析”，载《河南省政法管理干部学院学报》2003年第5期。

② 吕天奇：“商业贿赂犯罪构成的若干新问题研究”，载《现代法学》2006年第5期。

作人员在实施这两种行为时,侵犯的客体并不相同,所具有的身份也不相同,因而是两种不同性质的犯罪,不应将其规定在同一个罪名之中,更不能用其中一个行为构成的罪名来处罚另一个行为。也就是说,对于国家工作人员(主要是“以国家工作人员论”的人员)作为普通民事主体从事商业交易时的受贿行为,只能按商业受贿罪处罚,而不能援用受贿罪的规定。

可见,我国现行贿赂犯罪体系所规定的客体与公平市场竞争秩序并不存在直接联系。非国家工作人员贿赂犯罪更多关注的是单位内部的管理秩序;而国家工作人员贿赂犯罪所关注的则是公务贿赂犯罪的社会影响,即公众对国家公务行为的信赖,但这主要是对社会公平、正义的关注而不局限于对市场正义的关注。[①] 易言之,我国《刑法》中的贿赂犯罪都没将公平市场竞争秩序作为主要客体,因而没有一个条文是针对商业贿赂犯罪而设的。这就导致了竞争法与刑法的衔接适用问题,虽然我们也可以对竞争法中严重的商业贿赂行为援用《刑法》第 163 条和第 164 条,但这种适用较为牵强,甚至可以说是一种类推解释。

综上所述,从应然层面讲,在二元的社会结构下,商业贿赂犯罪与公务贿赂犯罪确有不同的社会基础,民众对此也有不同的情感诉求和报应欲求,因此,有必要在立法上将二者分立开来;从实然的层面讲,由于我国刑法缺乏针对商业贿赂犯罪的罪名条款,导致了竞争法与刑法无法有效的衔接。凡此种种,都要求尽快实现对商业贿赂犯罪的刑事立法,在刑法中设立专门的商业贿赂犯罪条款。

---

① 吕天奇:“商业贿赂犯罪构成的若干新问题研究”,载《现代法学》2006 年第 5 期。

第二章　商业贿赂犯罪的客体和对象

第一节　商业贿赂犯罪的客体

比较而言，各国产生商业贿赂的原因并不相同：在东欧社会主义国家，解体后急速的社会转型以及急于建立市场经济的观念、社会特权阶层的存在以及政府控制体系的无力导致道德意识降低，为商业领域的腐败埋下极大隐患。在西方和一些亚洲国家，商业领域的腐败是与商事法律的极度宽松、交易行为专业性的增强、市场竞争的日益激烈以及公众道德水准的下降等密切相关的。[①] 由于产生的原因不同，再加上各国历史传统、社会文化和法律制度等方面的差异，导致了各国对是否规制以及在多大程度上规制商业

① 卢建平、张旭辉："商业贿赂的刑法规制——以私营部门为例"，载《法学杂志》2007年第1期。

贿赂也有所区别，进而在立法模式、制度设计、构成要素等具体方面也都不同。而支配这些差异的更深层次的原因则是各国对商业贿赂犯罪所侵犯的法益的认识存在差异。以此为背景，笔者试图探讨我国商业贿赂犯罪的客体。

一、商业贿赂犯罪的复杂客体概说

（一）商业贿赂犯罪的复杂客体争议

1. 国外关于商业贿赂犯罪客体的争议

就商业贿赂犯罪所侵犯的法益而言，各国大致有如下几种模式：①

第一种模式，即传统模式，认为私营部门的商业贿赂犯罪所侵害的法益是公司的财产和资产以及股东的利益，是一种欺诈管理的行为。之所以设立该罪，是为防止在商业交易中有决定作用的人借助企业资金，利用其地位谋取不正当利益，对公司财产和社会造成危害。因此，只有当行为人由于其职务行为给公司造成了财产上的损失，并作为其对价收受贿赂的情况下才能成立犯罪。如《亚利桑那州刑法典》第 2605 条规定，企业雇员接收他人的利益，意图影响涉及雇主商业事务的行为，致使雇主或委托人商业利益遭受损失的，构成商业受贿罪。类似的如《西班牙刑法典》第 295 条的规定、《瑞士刑法典》第 158 条的规定。

第二种模式，即将商业贿赂规定为犯罪是因为它危及和侵犯了雇佣关系，尤其是雇员对雇主所负有的职责和忠诚义务，是一种背信行为。其危害主要在于破坏了委托人和受托人之间内部的委托

---

① 卢建平、张旭辉："商业贿赂的刑法规制——以私营部门为例"，载《法学杂志》2007 年第 1 期。

信任关系，损害了委托人的财产利益，其效果并不及于委托人和受托人之外的第三人。如《法国劳动法典》第156－6条、《荷兰刑法典》第328条、《日本商法典》第493条。

第三种模式致力于保护和促进自由和公平竞争以及市场机能的发挥，商业贿赂被视为扭曲和阻止竞争与市场机能正常发挥的因素。如《德国刑法典》第299条、英格兰《腐败预防法案》第1条。

在第一种模式下，如果公司的董事会默认贿赂行为给公司财产带来的损害，则贿赂行为不构成犯罪。这就有鼓励贿赂风气的嫌疑，因而这种立法模式遭到质疑。在第二种模式下，如果行为人同意收受贿赂，并且行为人被雇主授权处分被保护的利益，则贿赂行为也不构成犯罪，因为这没有破坏雇主和雇员的委托信任关系。显然，前两种模式注重的是贿赂对公司内部关系（雇主和雇员之间的关系）的侵害，而忽视对外部竞争关系（雇员与交易对方之间的关系）的侵害。在第三种模式下，无论何种商业贿赂均构成犯罪，因为它必然损害到公平的市场竞争机能的发挥。和前两种模式相比，这种模式注重贿赂行为对外部竞争关系的侵害。①

虽然上文对各国的商业贿赂立法作了大致的分类，但从整体上来说，各国立法的保护法益是多元的。惩治商业贿赂犯罪涉及一系列的价值目标，如确保雇员和雇主之间的信托关系，确保公司财产和资产的不受损害，确保做出正确的商业决定，防止扭曲竞争和阻碍经济的发展，维持公平的竞争秩序。大多数国家都是对上述三种立法模式进行了不同程度融合，只是在排序上有所侧重。但是各国惩治商业贿赂犯罪的总体发展趋势是越来越倾向于保护国际、国内的自由、公平竞争。这在近来的许多国际公约和区际公约中得到体现。例如1998年12月22日欧盟在有关私营部门腐败的《联合行

① 卢建平、张旭辉："商业贿赂的刑法规制——以私营部门为例"，载《法学杂志》2007年第1期。

动》(Joint Action)中要求成员国将扭曲竞争的行为规定为犯罪,并指出这是在共同市场中的最低要求。[①] 2004年9月12~19日,第17届国际刑法学大会在北京举行,在提交大会讨论的《国际经济交往中的腐败犯罪及相关犯罪专题预备会议决议草案》在有关私营部门的贿赂行为的规定中明确指出:"企业管理人员或代理人的贪污受贿行为破坏了公平竞争。"

2. 我国关于商业贿赂犯罪客体的争议

我国学者关于商业贿赂犯罪客体的争议,与前述商业贿赂犯罪的概念之争是一致的。对商业贿赂犯罪概念持广义说的学者认为,商业贿赂犯罪的客体具有双重性:作为一种不正当竞争行为,它破坏的是市场经济秩序,这是商业贿赂犯罪的主要客体;作为一种贿赂行为,它的实质是钱权交易,因而它还侵犯了职务行为的廉洁性。[②]对商业贿赂犯罪概念持狭义说的学者认为,由于我国《刑法》将商业贿赂犯罪规定在刑法分则第三章第三节妨害对公司、企业的管理秩序罪中,而没有将其规定在第三章第八节扰乱市场秩序罪中,因此,公平的市场竞争秩序不是本罪的客体,国家对公司、企业或者其他单位的管理秩序才是本罪的客体。[③]除此之外,也有学者认为,商业贿赂犯罪还侵犯公司、企业的商业信誉。[④] 也有学者综合前述观点,认为商业贿赂犯罪同时侵犯了公平的市场竞争秩序和公司、企业的管理秩序。[⑤]

前述各种观点都在一定程度上反映了商业贿赂犯罪所侵犯的社

---

① 卢建平、张旭辉:"商业贿赂的刑法规制——以私营部门为例",载《法学杂志》2007年第1期。

② 卢勤忠:"刑法修正案(六)与我国商业贿赂犯罪立法",载秦瑞基、胡常龙主编:《商业贿赂犯罪问题研究》,山东大学出版社2006年版,第108页。

③ 柳忠卫:"商业贿赂犯罪客体解读",载《华东政法学院学报》2006年第5期。

④ 张翔飞:"商业受贿罪研究",载《现代法学》1997年第6期。

⑤ 李恩民:"商业贿赂犯罪问题探讨",载《新疆社科论坛》1998年第21期。

会关系,具有一定意义。笔者认为,对商业贿赂犯罪的客体的解读首先必须立足于该罪的本质,作为一种贿赂行为,商业贿赂犯罪的本质是钱权交易,因而必然侵犯犯罪主体的职务行为廉洁性,这里的职务行为是公务以外的社会事务行为所产生的职务廉洁性。其次,商业贿赂犯罪是发生在商业交易过程中或商业往来中的贿赂行为,因而它必须侵犯到公平的市场竞争秩序。从目前各国对商业贿赂犯罪的规定来看,也都承认商业贿赂犯罪侵犯了公平的市场竞争秩序。因此,公平的市场竞争秩序必然是商业贿赂犯罪的客体。此外,有学者提出的"商业贿赂犯罪还可能侵犯到公司、企业的管理秩序"的观点,这与《联合国反腐败公约》所规定的私营部门内部的贿赂犯罪是一致的,也值得我们考虑。因此,商业贿赂犯罪客体可能包括上述的职务行为廉洁性、公平的市场竞争秩序和公司、企业的管理秩序,只是在犯罪客体的排序上还需思考。

(二)商业贿赂犯罪的复杂客体的确定

日本著名刑法学者芝原邦尔认为:"在具体解释不同的犯罪类型时所需要的是深思熟虑每一种处罚法规到底是为了保护哪些利益或价值而制定的。"①

我国刑法理论对犯罪客体的分类中,在直接客体层面上,将其分为主要客体、次要客体和选择客体。根据通说,主要客体是"刑法重点予以保护"的客体,次要客体是"刑法附带保护"的客体或者"不是刑法着重保护"的客体。主要客体、次要客体和选择客体的划分不是根据法益自身的重要性,而是取决于其与同类客体的关系:"主要客体是属于同类客体范围内的具体法益,它与同类客体具有某种共同性,或者是同类客体的'表现形式'。次要客体也许具有很高的价值,但因为它与同类客体缺乏这种关系,就只能屈居于次要地位,抢劫罪所侵犯的作为次要客体的人身权利就是如此。"因此,主要客体

① [日]芝原邦尔:《经济刑法》,金光旭译,法律出版社2002年版,第111页。

是相对于次要客体而言的，它不表明"重点予以保护"的客体一定要比"附带保护"的客体重要，也不意味着次要客体的价值就小于主要客体。①

从这个角度而言，由于笔者前述界定商业贿赂犯罪时，认为它不同于其他贿赂犯罪的首要特点是其发生在商业交易中且侵犯公平市场竞争秩序，而作为同类客体的市场经济秩序就包括了公平的市场竞争秩序，这种同质性决定了公平的市场竞争秩序应是商业贿赂犯罪的主要客体，而与市场竞争秩序缺乏同质性关系的职务行为的廉洁性只能是次要客体。至于公司、企业的管理秩序，只是商业贿赂犯罪的选择客体，只限于公司、企业的工作人员从事商业交易时的贿赂行为才会侵犯公司、企业的管理秩序，非公司、企业工作人员从事商业交易时的贿赂行为并不会侵犯公司、企业的管理秩序，因此，商业贿赂犯罪对公司、企业管理秩序的侵犯具有一定随机性。

二、商业贿赂犯罪的主要客体

（一）竞争法中商业贿赂的保护法益

认为商业贿赂犯罪的客体是公平的市场竞争秩序，主要是从反不正当竞争法的角度而言。从规范的层面讲，刑法作为其他法律的保护法，它本身并不创立新的义务，只是对其他部门法已经预先确立的法律关系给予更为有力的认可，尤其是对行政犯而言。因此，刑法规制商业贿赂犯罪所保护的社会关系实际上也是《反不正当竞争法》所保护的社会关系，即公平的市场竞争秩序。公平的市场竞争秩序是各国竞争法的主要规制范畴，要了解商业贿赂犯罪所侵犯的市场竞争秩序的全部内容，从竞争法入手无疑是最佳途径。

---

① 薛瑞麟："犯罪客体的分类"，载《政法论坛》2007 年第 2 期。

当今大多数国家竞争法竞争秩序的内容即保护法益呈三元结构,即保护:(1)消费者利益;(2)竞争者利益;(3)竞争秩序。因为从历史渊源来看,竞争法起源于民法中的特别侵权法,必然注重对私权的保护,因而它必然保护消费者的利益和其他竞争者的利益。随着市场经济的发展,自由竞争的消极破坏作用日益暴露,加强对竞争秩序这种社会法益的保护以维持经济的持续发展便成为大多数国家的通行做法,因此,竞争秩序也成为竞争法益目标的一部分。①

作为各国竞争法规制的不正当竞争行为的主要内容之一的商业贿赂,所侵犯的法益也包括公平的市场竞争秩序、其他竞争者的利益和消费者的利益。只是各国在这三元法益的排序上存在差别,因为从法益分类的角度讲,市场竞争秩序是社会法益,而其他竞争者的合法权益和消费者的合法权益是个人法益。法益的排序并不单是法益罗列上的随机, 而是和各国的法律制度紧密相连,并决定了法益保护如何实现以及能否实现的问题,是立法者价值取向的体现。在以个人本位为主旨的国家,立法的价值取向是先保护个人法益,后保护社会法益。如德国《反不正当竞争法》的规定,禁止商业行贿首先旨在保护其他诚实竞争者的合法权益,使行贿者不能获得优于其他诚实竞争者的竞争利益;其次,还间接保护公众利益,避免因商业贿赂行为猖獗而使伪劣商品泛滥和商品价格上涨;最后,还保护公平、正当的竞争机制发挥作用。② 而在以社会本位为主旨的国家,立法的价值倾向则是先保护社会法益,后保护个人法益。如我国竞争法认为禁止商业行贿旨在保护公平的市场竞争秩序,这是

---

① 郑友德、杨国云:"现代反不正当竞争法中'竞争关系'之界定",载《法商研究》2002 年第 6 期。

② 邵建东:《德国反不正当竞争法研究》,中国人民大学出版社 2001 年版,第 225 页。

没有争议的。但其他竞争者的合法权益和消费者的合法权益也是反商业贿赂的应有之义。因为商业行贿行为"利己难免损人",必然会剥夺其他竞争者的竞争机会,同时行贿行为使得产品或者服务的成本增加,最终导致商品价格上涨而损害消费者的合法权益。

从各国法律制度的渊源来讲,在德国等市场经济较为成熟的国家,反不正当竞争法被认为是特别侵权法,因而属于私法的范畴。制止不正当竞争,旨在保护诚实竞争者的合法权益。因此,这一任务也主要由竞争者自己来承担,[①]法律规定对商业贿赂等不正当竞争行为实行的是自诉制度。其优点在于通过竞争对手之间的相互监督和经济界的自律来实现对法益的保护:一方面,法律赋予受不正当竞争行为直接损害的经营者以诉权,并通过多种途径鼓励其同不正当竞争行为作斗争,以维护自己的合法权益;另一方面,法律同时也赋予特定的经济团体和组织以及消费者协会以诉权,以便调动社会力量监督和制止不正当竞争。实践证明,这种自诉制度对保护诚实经营者的合法权益,确保公平竞争机制的正常运行,起到了良好的作用。[②] 而在中国,《反不正当竞争法》从开始就是作为经济法的一个主要部分来设计的,是为补充市场自身调节不足而出现的,更多地带有公法性质。禁止商业贿赂的保护法益首先是公平的市场竞争秩序,对法益的维护也必须由国家机关来承担,不可能实行自诉制度。从实际情况看,我国《反不正当竞争法》实施十多年来,监督检查部门查处了大量的不正当竞争行为,对维护市场竞争秩序、保护诚实经营者的合法权益确实发挥了重大作用。

相比较而言,笔者对我国商业行贿罪的法益排序持肯定态度。

---

① 邵建东:"论私法在维护正当竞争秩序中的作用",载《山西大学学报》(哲学社会科学版)2003年第3期。

② 邵建东:《德国反不正当竞争法研究》,中国人民大学出版社2001年版,第372页。

因为它更符合我国目前的经济发展水平和现代竞争法的价值理念。首先,在许多西方发达国家,市场经济取代封建经济是一个漫长的、自发的过程,许多市场规范都是在这个过程中自发形成的,先于国家立法而存在。“与其说这些立法是国家为社会提供规则,不如说是社会为国家提供了规则。”①在这种背景下,调整市场经济的法律制度原则上是国家所认可的风俗习惯,是市场主体在经济活动中通过互利合作、反复博弈而形成的,因而得到了公众的信任并被遵从。而我国目前还处于经济的转型期,各种市场机制还未能形成良性循环,市场经济的法律规制也远远落后于现实的需求,导致市场交易中商业贿赂等机会主义行径的泛滥。因此,通过“制度安排”来构建市场秩序以促进市场竞争机制的完善势在必行。这决定了我国目前反商业贿赂首要之义在于维护公平的市场竞争秩序,然后才是诚实经营者的合法权益。其次,现代竞争法的理念是“保护竞争,而非单个竞争者”,即竞争法关注的是对市场竞争机制的维护,而不是简单地保护特定的企业或竞争者。市场秩序的形成是市场主体谋求和实现私人利益的前提条件,它对于建构客观秩序、减少个体行为对整体利益的冲突具有重要意义。因此,对市场进行干预的法律手段主要是以国家干预私权的形式出现的,其初衷并不关心受到公权干预的主体在此过程中的最终结局是受益还是受损,而是为了市场交易场所的井然有序——自由、公平、平等、有序竞争。② 从目前大多数国家的竞争法来看,最基本的立法目的也都是为了鼓励和维护竞争,从而实现经济效率和其他社会目标。

虽然竞争法规制商业贿赂是为了保护公平的市场竞争秩序、其他竞争者的利益和消费者的利益这三元法益,但从竞争法与刑法的关系来看,竞争法所保护的社会关系可以同时是刑法所保护的社会

① 石泰峰:“市场经济与法律发展”,载《中外法学》1993 年第 5 期。
② 刘大洪、廖建求:“论市场规制法的价值”,载《中国法学》2004 年第 2 期。

关系,但竞争法所保护的社会关系并不必然就是刑法所保护的社会关系。刑法作为其他部门法的保护法,对其他部门法所调整的业已形成的法律关系进行再次调整时必须遵循“重大性”的标准,即只将自己认为最值得保护的法律关系纳入自己的保护范围。一般地说,对于法律关系重大性的判断,大多是依据被破坏的法律关系在社会秩序中的地位。调整国家和社会利益所形成的法律关系,大多纳入了刑法的保护范围;而调整个人利益所形成的法律关系,有很多都没有受到刑法保护。[①] 在竞争法中,商业贿赂体现为不正当竞争,反商业贿赂就是为了维护公平的市场竞争秩序,这也是刑法主要保护的法益。虽然很多时候,对商业贿赂行为的制止在表面上是为了维护正当经营者的直接利益,但从深层次上讲,是为了维护自由公平、优胜劣汰的竞争机制。因此,笔者认为,公平的市场竞争秩序是商业贿赂犯罪的主要客体,而其他竞争者的利益和消费者的利益虽然也是竞争法反商业贿赂保护的法益,但并不需要纳入刑法的保护范围,或者说,对公平的市场竞争秩序的保护同时也会使其他竞争者利益和消费者利益得到保护,因而无须在刑法中写明。

(二)公平的市场竞争秩序的解读

从经济法的角度,可以将公平的市场竞争秩序界定为:一个国家、组织体或地区,用以确保竞争的有无(主体准入、要素流动等)、规范竞争的过程公正(机会均等、方法正当、结果确认等)、保障竞争的可持续性(产权激励、宏观调控、社会保障等)的制度体系。[②] 这种市场竞争秩序看似抽象,实际上含有丰富的内涵,主要包括:第一,市场主体自由选择经营方式,但不损害交易对手和社会公众的利益;第二,市场主体之间的交易行为或合作行为不妨碍第三人和社会公众的利

---

① 童伟华:“犯罪客体之新视野”,载《华侨大学学报》(哲学社会科学版)2006 年第 1 期。

② 彭海斌:《公平竞争制度选择》,商务印书馆 2006 年版,第 60 页。

益;第三,市场主体间的地位平等,不以强制力量进行经营活动。

从总体上讲,竞争秩序是指国家依法管理所形成的公平交易良性市场状态,其中最重要的是对市场份额的分配。公平的市场竞争秩序使得市场份额按照公平效率的原则进行分配,这样遵守诚实信用原则和商业道德、技术先进、服务优质的经营者才可能获得更多的市场份额;相反,不正当竞争手段如商业贿赂,反而使技术差、服务质量低、违法乱纪的经营者获得了更多的市场份额,从而使公平竞争的经济秩序遭到破坏。①

一般认为,公平的市场竞争秩序主要有如下功能:(1)有利于劳动生产率的提高、促进社会生产的发展。在市场经济条件下,优胜劣汰是基本的价值规律。为了在市场中求得生存,经营者会努力改进技术,加强科学管理,降低成本,关心市场,改进服务,提高效率,从而使整个社会生产力不断向前发展。这是公平的市场竞争秩序最根本的功能。但是,商业贿赂的存在,使得市场主体不再关注如何提高竞争力以获取交易机会,而是如何通过贿赂获取交易机会,从而造成“劣币追逐良币”,生产力受阻的不良社会后果。(2)促进资源在国民经济各部门的合理流动并实现资源的优化配置。市场资源总是有限的,因此如何发挥有限资源的最大经济效益就成为各国经济发展中首要考虑的问题。要充分发挥有限资源的最佳效应,就应该优化资源配置,在市场经济条件下,市场是资源合理配置的基础:当哪种商品能够盈利,经营者就会将生产资料和劳动力投入到这种商品的生产部门中去,反之亦然。正是由于竞争,资源被不断流动、重组,从而得到优化配置。而商业贿赂的存在,却使使用贿赂手段的经营者获得了交易机会和市场资源,这样,市场资源未能落入优势竞争者手中,无法实现优化配置。(3)可以更好地满足消费者的需要,维护消费者的利益。竞争产生的效果,一般有两个方

① 王昌学:《市场经济犯罪纵横谈》,法律出版社2001年版,第57~571页。

面:一是可能产生商品和服务的最低价格;二是消费者对商品和服务的类型及其质量有选择的余地。但是商业贿赂的存在,使得经营者不得不将贿赂转化成商品的成本,从而提高商品价格,或者以伪劣商品代替高质量商品,从而使消费者利益受损。①

三、商业贿赂犯罪的次要客体

商业贿赂犯罪作为一种贿赂犯罪,其本质是钱权交易,即当事人利用职务之便而进行的行贿受贿行为。因此,从某种程度上讲,商业贿赂犯罪是一种职务犯罪,其本质是对"职务行为的廉洁性"的侵犯。这里有必要对职务犯罪作进一步的分析。

从语法的角度理解"职务",有以下几种含义:(1)定期的有报酬的职业;(2)公职;(3)雇员的职责、任务;(4)职责或义务。② 一般意义上的职务概念,不管在何种性质的单位,不管有无职位,只要从事了工作中规定担任的事情,就认为是一种职务行为。而职务犯罪中的"职务",不是一般意义上的职务,它是指依法或授权委托而负担一定工作的职权与职责的统一。某人只有依法或者依授权从事一定工作,担负一定的管理权力和承担一定的职责,才能称为职务行为。③ 刑法意义上的职务比一般意义上的职务的含义窄,因为法律意义上的职务,必须具备明确的法定权力和义务,不具备法定权力和义务的职务,不是刑法意义上的职务。④

从法理上讲,职务来源于权力,而权力又包括公权力和私权力,

---

① 种明钊:《竞争法》,法律出版社2005年版,第9页。

② 王同忆:《语言大典》,三环出版社1990年版,第4419页。

③ 冯殿美:"关于职务犯罪的概念、特征和类型",载《山东大学学报》(哲社版)1999年第3期。

④ 孙谦、尹伊君:"国家工作人员职务犯罪论",载《法学研究》1998年第4期。

前者是对国家事务进行管理所产生的权力，而后者是对社会事务进行管理所产生的权力。由国家权力所产生的职务是公务，而由社会权力所产生的职务是业务，这两者是并列的概念。“依法或受委托担任一定职务的人，就必然拥有一定的职权和承担相应的义务，理应依法正确行使职权，尽职尽责地履行义务，才不辜负国家、社会的重托。若具有一定职务身份的人利用职务上的便利进行非法活动或不尽责，致使国家和社会利益遭受重大损失，就是对职务的亵渎，就是对职务廉洁性的侵犯。”①

由上可知，商业贿赂犯罪与我国《刑法》第 385 条至第 393 条所规定的公务贿赂犯罪，虽然都是职务犯罪，本质上都侵犯了职务行为的廉洁性，所谓“廉洁性”就是忠于职守，依法履行职务。但这两类犯罪中“职务行为的廉洁性”的内涵是完全不同的。对于公务贿赂犯罪而言，由于国家工作人员的权力都直接或间接地来源于国家，其职务行为一般都表现为公共权力的直接运用，这就要求国家工作人员在运用国家公共权力时，必须公正无私，不能被收买，这既是他们的义务，也是国家和社会公众对他们的基本要求，而国家工作人员却违背了国民对公务的信赖，以权谋私，因而应受刑法处罚。而对于商业贿赂犯罪而言，商业交易的主体所运用的不是国家公共权力，而是社会权力，具体地说，是对商业交易进行管理、经营的权力，这种权力一般来自于商业交易主体所在单位或雇主的授权或委托，行为人本应尽忠职守，履行对雇主的忠实义务，不得利用自己对商业交易的经营管理权谋取私利，而行为人却违背这种职责，因而应受刑法处罚。正是在这个意义上讲，有学者认为，我国应在立法上区分商业贿赂和公务贿赂，商业贿赂应该是相对于公务贿赂而言，应该是指在市场交易过程中发生的以社会权力寻租为本质而与

---

① 冯殿美：“关于职务犯罪的概念、特征和类型”，载《山东大学学报》（哲社版）1999 年第 3 期。

公共权力寻租无直接关系的行贿、受贿等贿赂犯罪。[①]

具体到商业贿赂犯罪中来，在商业交易中，受贿者往往是对商事交易具有决定权的人，这类人对商业交易的决定权来自于其所代表的业主的授权、委托（如公司委托），在商法中称为代理关系。相应地，受贿人（代理人）对业主（委托人）也要承担一定的忠诚义务，即代理人在为委托人履行所委托的事务时，必须以其专业技能和忠诚勤奋为业主谋取利益。这种忠诚义务主要包括两项内容：一是受贿人必须避免自己的利益与委托人的利益发生冲突，如代理人在代理业务时接受了第三人的赠与、贿赂或者回扣，即违反了忠诚义务；二是受贿人负有保守秘密的义务，即受贿人不得泄露在代理业务中所获得的保密情报和文件资料。理论上认为，这两项义务是代理人善意忠诚义务的主要内容。[②] 这里代理人对委托人的忠诚义务，其实就是商业贿赂犯罪中职务廉洁性的来源，即代理人不得为了自己利益而损害业主的利益，如接受交易对方贿赂从而作出不利于业主的商业决定，就是我们所说的商业贿赂。例如，前述有些国家立法认为商业贿赂犯罪侵害的法益是公司的财产和资产以及股东的利益，是一种欺诈管理的行为，以及认为商业贿赂犯罪危及和侵犯了雇佣关系，是一种背信行为，这些观点其实都蕴涵了对职务行为廉洁性的保护。

四、商业贿赂犯罪的选择客体

（一）公司、企业的管理秩序是商业贿赂犯罪的选择客体

如前所述，选择客体是指受到刑法其他条款单独加以保护的，而

① 刘远："商业贿赂犯罪的概念与立法"，载秦瑞基、胡常龙主编：《商业贿赂犯罪问题研究》，山东大学出版社 2007 年版，第 5 页。

② 周林彬、任先行：《比较商法导论》，北京大学出版社 2000 年版，第 423 页。

在实施该犯罪时不一定受到侵害的客体，其是否受到侵害具有或然性。我国有学者认为，选择客体有两种表现形式：一种是《刑法》在其他条款中单独加以保护的，而实施本条或本条前款所规定的犯罪时不一定受到侵犯的社会关系，如非法拘禁致人重伤、死亡；第二种是《刑法》应当保护的，而在该条文中无明文规定的，遭受犯罪侵犯的某种社会关系。如寻衅滋事罪，对他人的健康或财产造成了损害，虽然《刑法》关于寻衅滋事罪的条文中未单独规定，但《刑法》仍要保护，则他人的健康权或财产权仍为选择客体。①

由于我国 1997 年《刑法》将第 163 条规定为“公司、企业人员受贿罪”，通说也认为该罪的客体是公司、企业的管理秩序。在有关商业贿赂犯罪概念的争论中，不少学者将《刑法》第 163 条、第 164 条视为商业贿赂犯罪，进而认为商业贿赂犯罪的客体就是公司、企业的管理秩序。② 但笔者认为，公司、企业的管理秩序或许是《刑法》第 163 条、第 164 条应该单独加以保护的法益，但并不一定是实施商业贿赂犯罪时必然受到侵犯的法益。也就是说，公司、企业的管理秩序只可能是商业贿赂犯罪的选择客体，属于前述选择客体的第一种表现形式。详细说来，对于商业贿赂犯罪而言，其主体既可以是公司、企业的职员，也可以是公司、企业之外的其他市场主体及其所属职员。对于公司、企业的职员在商业交易中实施的贿赂行为，会侵犯到公司、企业的管理秩序，这是没有疑问的。但对于其他市场主体的职员实施商业贿赂行为，由于他们并不隶属于公司、企业，因而不可能侵犯到公司、企业的管理秩序。可见，公司、企业的管理秩序只可能是商业贿赂犯罪的选择客体，而不是必然客体（不属于主要

① 马克昌主编：《犯罪通论》，武汉大学出版社 1999 年版，第 117 ~ 118 页。

② 陈家林：“日本刑法中的商业贿赂犯罪及对我国的启示”，载《山东警察学院学报》2006 年第 3 期；程应需、李正新：“试论商业贿赂的刑法规制”，载《广东外语外贸大学学报》2007 年第 4 期。

客体和次要客体)。

(二)公司、企业管理秩序的解读

由于公司、企业是市场经济中最活跃的主体,因此国家对公司、企业的管理涉及有关市场经济法律法规的所有内容。但是这里所说的管理秩序只是指以公司法、企业法为核心的有关这些市场主体的健康运作方面的秩序。“这一管理秩序是由一系列有关公司、企业的各种法律、法规所规定的管理制度建立起来的……主要包括:公司、企业的设立、登记、变更、合并、分立、解散等制度,资本投资和资本的管理制度,股金、股份的认购与转让的管理制度,财物会计制度,债券、股票的发行制度,公司、企业工作人员职务、岗位、职责规范制度、国有资产的管理与评估等。”①这是我国学者对公司、企业管理秩序的初步认识,笔者认为还有待深入。

一般而言,“从公司治理的角度可以将公司的治理分为内部治理和外部治理,所有公司治理法律制度的设计都是围绕此展开的。公司内部治理机制是指股东大会、董事会(包括独立董事)、监事会(包括独立监事)的权责配置机制与监督制衡机制;而公司的外部治理机制主要包括各种与公司利益相关主体在公司组织、营运机制或管理等活动中的权责配置机制和监督制衡机制。”②相应地,公司的管理秩序也可以分为内部管理秩序和外部管理秩序,前者是国家在规制公司的股东大会、董事会、监事会的权责配置和监督制衡时所形成的秩序,它所关注的是公司自身内部的有序状态,目的是为了实现公司的持久增值,也就是为了维护公司自身的利益;而后者是国家在规制公司的组织、营运时所形成的秩序,它所关注的是公司

① 王作富主编:《刑法分则实务研究》(上),中国方正出版社2003年版,第383页。

② 万国华、张小芳:“从公司治理法律制度角度探寻反商业贿赂途径”,载《南开学报》(哲学社会科学版)2006年第5期。

作为市场主体在从事市场活动时与外界所形成的有序状态，目的是为了维护市场竞争的公平与自由。由此可见，公司的内部治理机制中出现的贿赂行为，比如下属工作人员为了升职而贿赂上级工作人员的行为，是不可能侵犯公平的市场竞争秩序的，它所侵犯的是公司的自身利益。只有公司的外部治理机制中出现的贿赂行为，如公司在参与市场竞争时贿赂对方的行为才可能侵犯公平的市场竞争秩序。因此，只有公司的外部管理秩序才可以成为商业贿赂犯罪的客体，内部管理秩序是不可能成为商业贿赂犯罪的客体的。这就说明，从整体上讲，公司、企业的管理秩序只可能是商业贿赂犯罪的选择客体，而不是必然客体。

第二节　商业贿赂犯罪的对象

一、贿赂犯罪中“贿赂”范围的争议

对于贿赂犯罪中“贿赂”的范围，无论是在国外还是在我国，都存在争议。因此，要研究作为商业贿赂犯罪对象的“商业贿赂”，也必须对“贿赂”有所了解。

（一）外国刑法中关于贿赂的争议

各国刑法对贿赂的规定，表述方式各有不同，有的规定为“贿赂”，有的规定为“利益或报酬”，也有的规定为“财物或其他利益”，还有的规定为“赠品”、“礼品”，等等。可见，贿赂的范围也有宽有窄。

1. 外国刑法理论关于贿赂的学说

外国刑法理论对于“贿赂”的界定，大体上有三种学说：一是有形利益说，即把贿赂看成有形的或者物质上的利益，不要求这种利益用金钱来估价。二是金钱估价说，是从量刑角度出发，把贿赂仅

限于能够用金钱来估价的物质利益。三是需要说,把凡是能够满足人的需要的一切有形的或无形的利益,都看作是贿赂。①

2. 外国刑事立法关于"贿赂"的规定

(1)贿赂仅限于财物。持这种观点的有法国刑法和西班牙刑法。根据《法国刑法典》第177条的规定,民选代表、行政、司法、军事方面之公务员或职掌公共事务之公民、法院或双方当事人选任之仲裁人或鉴定人、医生或助产士,利用其职务关系要求、期约或收受捐赠或礼物的,构成受贿罪;雇员、职员及以其他方式领取薪水之人,蒙蔽雇主或未经其同意,直接要求、期约或收受捐赠礼物、报酬费或预支等不正当利益,为行使或不行使其职务行为的,亦构成受贿罪。这里所说的"捐赠"、"礼物""报酬"、"预支"等,显然都属财物的范畴,而不包括其他方面的利益。根据《西班牙刑法典》第385条、第386条和第387条的规定,公务员为其本人,或经由他人索取或收受赠品、礼品,或接受对方承诺而执行一件与其职务有关,并构成犯罪或不构成犯罪之事件的,构成受贿罪;公务员为了放弃其职务上应该执行之事件,而索取、接受、或承诺礼品者,亦成立受贿罪。这里所说的"赠品"、"礼品"也只能理解为财物。②

(2)贿赂既可以是财物,也可以是财产上的利益。根据《奥地利刑法典》第304条规定的公务员受贿罪、第305条规定的企业主管受贿罪和第306条规定的鉴定人受贿罪,其行为人要求、收受或期约的对象均为"财产上之利益",这里所说的"财产上之利益",当然应该包括财物本身和财物以外的其他财产上的利益,而不能仅根据字面理解为除财物以外的财产上的利益。③

---

① 高艳东:"'贿赂'范围的比较研究与新探",载《河北法学》2004年第2期。

② 赵秉志:"反贪污贿赂国际惯例",载《国际惯例书库》(⑤),海南出版社1993年版,第286页。

③ 廖福田:《受贿罪纵览与探究——从理论积淀到实务前沿》,中国方正出版社2007年版,第68页。

(3)贿赂包括财物、财产性利益以及包括性服务在内的其他利益。如《日本刑法》第197条规定:公务员或仲裁人关于职务上的事情,接受、要求或约定贿赂的,是受贿罪。对于这里"贿赂"的内容,日本大多数学者认为应包括财物、财产上的利益和包括性服务在内的其他利益。日本判例也认为贿赂包括一切有形的或无形的利益,除金钱、财物外,还有提供保证或担保、介绍就业、宴请、艺伎演艺、嫖妓、异性性交等。[①] 英国《1889年公共机构贿赂法》也认为贿赂的范围包括"礼品"、"酬金"、"报酬"等财物,"货款"、"延缓清偿任何价金或者有价之物"等财产上的利益,以及"职位"和"荣誉"等其他利益。[②] 类似的,《加拿大刑法典》将贿赂规定为"金钱、对价财物、职位、住所或雇佣"。

综上,外国刑法中将贿赂仅限于财物的做法已较为少见,而将财产性利益作为受贿罪对象已逐渐成为各国的通例。至于非财产性利益能否成为受贿罪的对象,各国立法并不一致,这既和各国的传统、文化有关,也和特定时期的反贪污贿赂的刑事政策有关。从目前的发展趋势来看,将非财产性利益作为受贿罪的对象符合各国反贪污贿赂的现实需求,因而逐渐为各国的立法和实践所认可。

(二)我国刑法有关"贿赂"的争议

我国贿赂犯罪中"贿赂"的范围,存在三种不同的观点:

1. 财物说。这种观点认为,贿赂仅限于"财物",包括金钱和物品,但不包括财物以外的财产性利益,更不能包括其他非物质性的利益。主要理由在于:(1)从文字上理解,"贿赂"的词义就是指财物,即用来买别人的财物。(2)从历史渊源来看,我国古代法律明确

---

① 陈兴良:"受贿罪研究",载陈兴良主编:《刑事法评论》(第3卷),法律出版社2001年版,第24页。

② 赵秉志:"反贪污贿赂国际惯例",载《国际惯例书库》(⑤),海南出版社1993年版,第287页。

规定贿赂为财物。赌者,财也;赂者,遗也。贿赂,用作名词,就是指用以行请托的财物。(3)从刑事立法来看,我国《刑法》明确规定受贿是索取他人财物,或者非法收受他人财物。(4)从司法解释来看,最高人民法院、最高人民检察院对贿赂的解释也仅指财物。[①] 因此,将贿赂内容规定为财物,有利于司法实践的运用和执行。如果将其扩大为利益,容易产生混淆。

2. 财产性利益说。这种观点认为,贿赂不仅限于财物,还应包含金钱及物品以外的可以直接用货币计算的财产性利益。但该说在对"其他财产性利益"范围的理解上又不尽一致,有的学者将所有可以直接用货币计算的财产性利益都包含在"财物"之内,如设立债权、免除债务、免费提供食宿旅游、免费提供劳务;有的则认为应排除诸如免费旅游、免费劳务等情形,并以限定处罚范围及类似利益不易计算价值等作为其理由。[②] 同时,该说反对将非财产性利益纳入"贿赂"的范畴,认为非财产性利益难以估算,容易导致司法操作中的随意性,有扩大处罚的嫌疑。

3. 利益说。这种观点认为,贿赂不仅指财物,而且还应包括财产性或非财产性的不正当利益。主要理由是:(1)虽然从文字上看,贿赂是指财物,但文字的解释并非一成不变,而应随着社会文化的发展而赋予新的含义。因此,当下我国社会中的"贿赂"不应再拘泥于过去的"财物"。(2)从我国目前的社会现实来看,许多贿赂手段都采取了新的形式,如解决住房、落户口、招工、升学、提供出国留学、出国签证等财产性与非财产性的不正当利益,这些行为在事实上起到了和"财物"一样的腐蚀作用,如果不把这些作为贿赂内容,就会放纵犯罪。(3)国外许多国家都规定贿赂犯罪的"贿赂"除财物

---

① 高艳东:"'贿赂'范围的比较与新探",载《河北法学》2004 年第 2 期。

② 杨新国:《贪污贿赂罪法律与司法解释应用问题解疑》,中国检察出版社 2002 年版,第 179 页。

外,还包括其他财产性利益或非财产性的不正当利益。为与国际社会接轨,我国刑法也有必要将非财产性利益纳入刑法的规制范围。

从理论上讲,贿赂作为职务行为的对价,是作为职务行为不正当报酬的利益,所以,凡是能作为收买职务行为的手段,或者说能满足人的需求的就可以称为"贿赂"。"财物说"将贿赂的范围限于财物,虽然有利于司法实践操作,但是从目前贿赂犯罪严重泛滥的社会现实来看,这种观点显然无法满足司法实践惩治贿赂犯罪的需求。因为实践中以财物以外的其他利益进行贿赂行为已相当普遍,如果采用"财物说",则无法将这部分贿赂行为纳入刑法的调整范围,这不仅不能满足民众惩治贿赂犯罪的法感情,甚至在一定程度上鼓励了以财物以外利益进行贿赂的风气。因此,这种学说一直为我国学者所批判,有必要为其他观点所取代。"财产利益说"不仅能满足处罚社会生活中大量贿赂行为的需求,操作性强,又在一定程度上兼顾了"财物"一词语言学上的要求,因此得到了绝大多数学者的支持,成为我国刑法学界的通说和司法实践中最务实的选择。近来,也有学者认为,在许多情况下某些非财产性的利益比财产性的利益更具腐蚀性,更能够达到行贿目的,因此,将贿赂的范围扩及非财产性利益或许更符合贿赂罪"以权换利,以利换权"的本质特征。这样,"利益说"也逐渐成为一种有力的观点。[①]

二、商业贿赂犯罪中"贿赂"范围的确定

从本质上说,贿赂必须是与一定职务相连,而且是作为职务行为的不正当报酬的利益,即这种利益与职务行为或准职务行为之间必

---

① 赵军:"论我国刑法贿赂罪贿赂范围的重新界定——以《联合国打击跨国有组织犯罪公约》的要求为标准",载《中国刑事法杂志》2003年第6期。

须存在对价关系。从实际来看,贿赂必须是一种利益,能够满足人一定的欲望或需求,否则就不能称为贿赂。① 从这个角度来看,公务贿赂犯罪中的"贿赂"与商业贿赂犯罪中的"贿赂"是一致的。

前述关于贿赂范围的讨论,基本上是立足于公务贿赂犯罪的讨论。至于商业贿赂犯罪中"贿赂"的范围,我国《反不正当竞争法》第22条规定,"经营者采用财物或者其他手段进行贿赂以销售或者购买商品,构成犯罪的,依法追究刑事责任",这里明确规定商业贿赂除"财物"外,还应包括"其他手段"。国家工商行政管理总局于1996年11月15日公布施行的《关于禁止商业贿赂行为的暂行规定》第2条第3款对商业贿赂中的"贿赂"范围所作的陈述,认为贿赂包括财物和其他手段,其中,"财物"是指现金和实物,包括经营者为销售和购买商品,假借促销费、宣传费、赞助费、科研费、劳务费、咨询费、佣金等名义,或者以报销各种费用等方式,给付对方单位或个人财物;"其他手段"是指提供国内外各种名义的旅游、考察等给付财物以外的其他利益的手段。有学者指出,从立法本意来看,财物手段和财物以外的其他利益手段的根本区别是:前者一般是以转移财物的所有权的方式进行贿赂,受贿人因此增加了财产;而后者是由受贿人直接享受财产以外的其他利益,即使这种享受是行贿人花费钱财达到的,但受贿人直接获得的不是钱财本身,而是行贿人以钱财换得的其他利益。② 但这两个法律法规并没有说明目前商业贿赂犯罪中的"贿赂"到底该采用哪种观点,我国学者在研究商业贿赂犯罪中"贿赂"范围时,也大多表现为直接移植或转述公务贿赂犯罪中有关"贿赂"的研究成果。

笔者认为,公务贿赂犯罪与商业贿赂犯罪是两种不同性质的贿赂犯罪:公务贿赂犯罪是公共权力异化的结果,而商业贿赂犯罪是

---

① 张明楷:《外国刑法纲要》(第2版),清华大学出版社2007年版,第736页。

② 孔祥俊:《反不正当竞争法的适用与完善》,法律出版社1998年版,第345页。

社会权力异化的结果,这就决定了公共权力寻租与租用问题应该与社会权力寻租与租用的问题分开来评价。正如有学者所说:“在我国目前的社会转型期,传统的自然经济伦理及建立于其上的专制政治伦理尚未退潮,而现代的市场经济伦理及建立于其上的民主政治伦理尚未确立,因此表征社会权力寻租与租用关系的贿赂犯罪和表征公共权力寻租与租用关系的贿赂犯罪之间,最为重要和关键的不同莫过于两者所引起的社会道德情感反应的不同,或者说,莫过于国民报应欲求的不同。”[①]传统的社会文化认为“君子喻于义,小人喻于利”,因此,民众对商人并没有过高的伦理期待;而在“学而优则仕”的价值观影响下,民众却有着很深的“清官文化”,因而“从严治吏”是中国的一贯政策。这就直接导致了作为贿赂犯罪构成要件的“贿赂”的内涵在公务贿赂犯罪和商业贿赂犯罪中并不相同:公务贿赂犯罪中“贿赂”的范围应采取“利益说”以扩大刑法的适用,从而达到“从严治吏”的目的;而在商业贿赂犯罪中,则应采取“财产性利益说”,以维持刑法“解释的极限”和民众当罚性观念的平衡。

之所以如此是因为:(1)我国刑事政策对这两种贿赂犯罪的价值取向并不相同。由于公务贿赂犯罪所侵犯的是国家工作人员职务行为的廉洁性,在犯罪成立要件上,应体现“从严治吏”的刑事政策,降低成立犯罪的门槛,扩大犯罪圈。采用“利益说”无疑更适合于目前严惩贪污贿赂犯罪的需求。而商业贿赂犯罪所侵犯的是公平的市场竞争秩序,应基于刑法对市场经济的有限干预原则,在犯罪成立要件上应提高门槛,紧缩犯罪圈。因此,采用“财产性利益说”更符合刑法的谦抑精神。(2)虽然公务贿赂犯罪和商业贿赂犯罪都侵犯了职务廉洁性,但职务廉洁性的内容并不相同,或者说,要求从事商业交易的市场主体承担与国家工作人员同样的廉洁义务并不合适。如对性贿赂等非财产性利益,如果要求从事商业交易的

---

① 刘远:“商业贿赂犯罪的概念与立法”,载《华东政法学院学报》2006年第5期。

市场主体承担与国家工作人员同等的廉洁义务，因此而受到刑法处罚，显然让人难以接受。(3)《反不正当竞争法》和《关于禁止商业贿赂行为的暂行规定》虽然规定商业贿赂的范围包括财物和财物以外的其他一切手段，但这是作为民事违法行为和行政违法行为的贿赂，而不是对作为犯罪的贿赂的规定。刑法具有最后性，它并不将所有的违法行为都作为规制对象，而是选择那些既能明确认定，又具有严重社会危害性的违法行为作为犯罪行为来认定。例如，对于性贿赂，实践中存在极大的误判空间，不利于实现刑法的人权保障功能，因此，在进行刑法处罚时，必须慎重。但是我们可以从道德角度予以谴责，也可以予以民事或行政制裁，没有必要动用刑法来规制。①

综上所述，笔者认为商业贿赂犯罪中“贿赂”的范围应该采“财产性利益说”，包括以下几项：(1)财物，即金钱和物品；(2)可以用货币进行计算的财产性利益，如动产或不动产。2008 年 11 月“两高”联合发布的《关于办理商业贿赂刑事案件适用法律若干问题的意见》就将商业贿赂中“贿赂”的范围由财物扩大至财产性利益，既包括金钱和实物，也包括可以用金钱计算数额的财产性利益，如提供房屋装修、含有金额的会员卡、代币卡(券)、旅游费用等。

三、商业贿赂的主要表现形式及相关概念辨析

《反不正当竞争法》第 8 条对商业贿赂行为作出了明确的禁止性规定：“经营者不得采用财物或者其他手段进行贿赂以销售或购买商品。在账外暗中给予对方单位或者个人回扣的，以行贿论处；

① 吕天奇：“商业贿赂犯罪构成的若干新问题研究”，载《现代法学》2006 年第 5 期。

对方单位或者个人在帐外暗中收受回扣的，以受贿论处。经营者销售或者购买商品，可以以明确方式给对方折扣，可以给中间人佣金。经营者给对方折扣、给中间人佣金的，必须如实入账。接收折扣、佣金的经营者必须如实入账。”这段规定可以划分为三层含义：第 1 款前段，即“经营者不得采用财物或者其他手段进行贿赂以销售或者购买商品”，这是对一般商业贿赂的禁止性规定；第 1 款后段，即“在帐外暗中给予对方单位或者个人回扣的，以行贿论处；对方单位或者个人在帐外暗中收受回扣的，以受贿论处”，这是对商业贿赂的典型形态回扣所作的专门规定；第 2 款表面上是直接规范折扣和佣金的，但其目的是对商业贿赂与折扣、佣金进行划分。①

可见，《反不正当竞争法》第 8 条对商业贿赂的规定极为简单。但实际生活中，商业贿赂的表现形式复杂多样，认定起来也非常困难。因此，区分商业贿赂与经济往来中的各种正常商业促销手段十分有必要。这里主要谈谈作为商业贿赂典型形态的回扣的基本问题、回扣与其他正常的商业促销手段之间的关系，以及对各种商业贿赂表现形态认定标准的反思。

（一）回扣

国家工商行政管理总局颁布的《关于禁止商业贿赂行为的暂行规定》第 5 条第 2 款规定：回扣是指经营者销售商品时在账外暗中以现金、实物或者其他方式退给对方单位或者个人的一定比例的商品价款。这是我国法律首次明确对商业回扣作出规定。也有学者将回扣界定为“在商品或者劳动买卖中，卖方从买方支付的价款中退回给买方或者买方经办人的款项”。② 根据这种界定，回扣不仅发生在商品的购销中，而且可能发生在劳动买卖中。笔者认为这种观点思

① 孔祥俊：《反不正当竞争法的适用与完善》，法律出版社 1998 年版，第 336 页。

② 张明楷：《市场经济条件下的经济犯罪与对策》，中国检察出版社 1995 年版，第 168 页。

路基本可取。从《反不正当竞争法》和《关于禁止商业贿赂行为的暂行规定》的立法背景看，当时的回扣主要存在于商品的购销领域，因此，将回扣界定为商品购销中的不正当竞争行为基本可取。但随着市场经济的发展，回扣作为商业贿赂的一种，并非仅主要发生在商品购销中，也可能发生在其他领域，如物流领域、劳动服务领域。因此，应将回扣的发生扩大为商品购销或者其他商业经营领域。

从上述有关回扣的规定，结合实践中的具体情形，我们认为回扣具有以下特征：(1)回扣行为发生在作为经营者的买方和卖方之间，而不能是针对除此之外的第三人。(2)回扣的实物特征是它属于商品价款的一部分，通常表现为现金或实物等。(3)回扣的法律特征是"帐外暗中"，①即采取秘密的支付方式，财务账上没有反映或者是不真实的反映。这主要是指不在合同、发票等中表明，并不意味着回扣只能是在第三者不知情的情况下秘密进行。(4)回扣本质是一种不正当竞争手段，支付回扣者的目的是排斥公平竞争以获得有利于自己的但不公平的交易机会。②

(二)折扣、佣金及其与回扣的区分

我国《反不正当竞争法》第 8 条第 2 款规定："经营者销售或购买商品，可以以明示方式给对方折扣、给中间人佣金。经营者给对方折扣，给中间人佣金的必须如实入账。接受折扣、佣金的经营者必须如实入账。"可见，折扣和佣金都是我国法律允许的，也正因为如此，在回扣被规定为商业贿赂的典型形态之后，回扣便采用了折扣、佣金的形式来逃避法律的制裁，因此，如何从理论上厘清回扣与折扣、佣金的关系非常重要。

---

① 根据《关于禁止商业贿赂行为的暂行规定》第 5 条第 3 款：账外暗中是指未在依法设立的反映其生产经营活动或者行政事业经费收支的财务账上按照财务会计制度规定明确如实记载，包括不记入账务账、转入其他账务账或作假账。

② 种明钊：《竞争法》，法律出版社 2005 年版，第 154 页。

1. 折扣

《关于禁止商业贿赂行为的暂行规定》第6条第2款规定：折扣即商品购销中的让利行为，是指经营者在销售商品时，以明示并如实入账的方式给予对方的价格优惠，包括支付价款时对价款总额按一定比例即时予以扣除和支付价款总额后再按一定比例予以退还两种形式。折扣具有以下特征：(1)折扣发生在经营者之间、经营者与消费者之间。(2)折扣一般不直接向对方支付现金，而主要表现为"即时扣除"，即卖方在买方应该支付的总价款中直接扣除折扣比例，也有表现为"事后退还"的方式支付折扣比例，即买方付清总价款后，卖方再退还一定比例的现金或购物券。(3)折扣的支付方式是公开的，并且在账目上反映为营业收入的抵减项目。(4)折扣是合法的，是商业活动中一种合法的促销手段。[①]

从回扣与折扣的立法规定上看，二者在表现形式上有很多相似之处，如都属于让利销售行为，即将自己交易营利所得的一部分给予相对人的行为。回扣与折扣的区别在于：(1)回扣是卖方按一定价格出售商品后，从收取的全部价款中退还一部分给买方；而折扣的实质是减价销售。(2)在回扣的情况下，买方可以直接获得额外的好处；而在折扣的情况下，买方虽然获得了一定的好处，但只是少付价款，而不能获得额外收入。(3)回扣没有也不可能如实入账，而折扣则要反映在正规账务上。[②] 从法律的规定来看，回扣非法而折扣合法，但实际上，"账外暗中"的折扣实质上是非法的回扣，而"明示入账"的回扣也并非就具有合法性。两者的本质差异在于行为人

---

① 种明钊：《竞争法》，法律出版社2005年版，第154页。

② 张明楷："商业贿赂、回扣及相关条款的法律性质"，载《法律适用》2006年第9期。

所给付的或者退还的财物是在"账外暗中"还是"明示入账",[①]而不在于当事人主观上的认识和具体使用的名目。因此,不能简单地说回扣是商业贿赂而折扣不是,而要根据行为人真正的意图、会计凭证的记载以及行为对市场交易的影响来判定。[②]

2. 佣金

在通常的商业活动中,佣金是一种合法的支付报酬方式。《反不正当竞争法》并不禁止作为合法的劳动报酬的佣金。但是在实践中,利用佣金这种合法的支付方式来进行商业贿赂的情形非常多,因此,如何界定佣金,并对佣金和回扣进行区别就非常重要了。

《关于禁止商业贿赂行为的暂行规定》第7条第2款规定:佣金是指经营者在市场交易中给予为其提供服务的具有合法经营者资格的中间人的劳务报酬。结合实践中的具体情形,我们认为佣金具有以下特征:(1)佣金支付关系只发生在经营者与中间人之间。(2)中间人具有合法的中介资格。根据《关于禁止商业贿赂行为的暂行规定》,中间人必须具有从事中介业务活动的经营资格,如果不具有相关从业资格而进行该项服务,其收入所得不属于合法佣金,而对于向不合法的中间人支付佣金的经营者,则可能构成商业贿赂行为。(3)佣金的支付方式必须是公开的,并且在账目上反映为营业收入的抵减项目。(4)佣金是合法的劳务报酬。[③]

回扣与佣金的区别在于:(1)回扣发生在销售者与购买者之间,而佣金只能是销售者或者购买者向中间人支付,而不能是中间人向买方或卖方支付,否则有可能构成回扣。(2)回扣的性质是不正当竞争手段,而佣金则是一种合法的劳务报酬。(3)回扣只能从销售

---

① 根据《关于禁止商业贿赂行为的暂行规定》第6条第3款的解释:明示入账是指根据合同约定的金额和支付方式,在依法设立的反映其生产经营活动或者行政事业经费收支的账务账上按照财务会计制度规定明确如实记载。

② 种明钊:《竞争法》,法律出版社2005年版,第155页。

③ 种明钊:《竞争法》,法律出版社2005年版,第156页。

的价款中退回给购买者,而佣金可以由买卖双方或任何一方从自己的利润中支付给居间人。①

(三)附赠式商业贿赂的认定

附赠是现代商业活动中一种常见的促销手段。为了防止经营者以这种促销手段不正当地引诱交易对方,以维护公平竞争和其他经营者、消费者的利益,不少国家都对附赠行为进行了专门限制,即如果附赠过度也构成不正当竞争行为。在 1993 年我国《反不正当竞争法》颁布时,以附赠方式进行商业贿赂的情形并不多见,因此,《反不正当竞争法》并未涉及附赠行为。但是随着市场经济的发展和市场竞争的日益激烈,附赠式商业贿赂开始大量出现,严重扰乱了市场竞争,因此,1996 年国家工商行政管理总局颁布的《关于禁止商业贿赂行为的暂行规定》正式将附赠列为商业贿赂行为的一种。

附赠即附带赠送,是指在商品交易和商业服务关系中,经营者向对方附带无偿地赠送一定数量的金钱或实物的行为。《关于禁止商业贿赂行为的暂行规定》第 8 条规定:"经营者在商品交易中不得向对方单位或者个人附赠现金或者物品。但按照商业惯例赠送小额广告礼品的除外。"根据相关法律及商业惯例,附赠的法律特征可以概括为:(1)附赠是商业交易中的从行为。从行为是相对于主行为而言的,在存在附赠的交易行为中,存在两重民事关系,即交易关系和附赠关系,其中,交易关系是主关系,而附赠关系是从关系。此时,附赠是作为交易达成的条件,只有这样才对交易对方具有诱惑力。(2)附赠的对象是经营者或者消费者。附赠可以分为经营者对另一经营者的附赠和经营者对消费者的附赠,这种区分的意义在于,只有在经营者对另一经营者附赠的情况下才可能产生商业贿赂行为。(3)附赠行为一般是公开进行的。与回扣所要求的"帐外暗

① 张明楷:"商业贿赂、回扣及相关条款的法律性质",载《法律适用》2006 年第 9 期。

中”所不同的是，公开的附赠同样可能构成商业贿赂行为。(4)附赠物品的价值不能超过合理金额。根据《关于禁止商业贿赂行为的暂行规定》第8条关于“小额广告礼品”的规定，所谓小额，应当是指远远低于交易金额；所谓广告礼品，应当是指与交易物品相同或者相关的物品。①

通常情况下，附赠是一种正当的商业竞争行为，尤其是经营者向消费者进行附赠时，不管赠品价值高低、附赠是否公开，都不会构成商业贿赂。是否构成附赠式商业贿赂主要考察两个因素：一是附赠对方是经营者还是消费者，只有附赠对方是经营者时才可能构成商业贿赂；二是附赠物品价值的大小，如果附赠品的价值巨大，足以影响到交易对方的选择和决定，就可以认定为构成商业贿赂。②

综上，司法实践中考察某一商业促销手段是否构成商业贿赂，主要考虑以下几点：一是考察支付该费用的目的，是为了维持正常的业务活动，还是为了取得交易机会或竞争优势；二是考察支付的费用的数额的多少，是否超出了正常的业务公关费用；三是查明支付的方式，是明示入账还是账外暗中；四是查明支付该费用的后果，是否影响、改变或者足以影响、改变交易对方的交易决定，等等。③ 只有这样，才能在各种鱼目混珠的现代商业活动手段中真正辨别出商业贿赂并加以禁止，以形成良好的商业竞争氛围。因为从表面来看，商业贿赂作为一种促销手段，似乎使贿赂双方达成双赢的局面：行贿者获得了交易机会，受贿者获得了贿赂。但是从长远来看，市场主体要获得长远的可持续发展，必须依赖健全的市场机制，也就是公平的市场竞争或优胜劣汰，并能够对相互间的经济行为进行合

---

① 孔祥俊：《反不正当竞争法的适用与完善》，法律出版社1998年版，第366页；种明钊：《竞争法》，法律出版社2005年版，第158页。

② 种明钊：《竞争法》，法律出版社2005年版，第158页。

③ 田宏杰：“论商业受贿罪的危害及其司法适用”，载《法律适用》2006年第9期。

理的利益预期。这就意味着,市场主体的利益只能通过公平竞争秩序进行合理预期来实现。而如果市场主体是通过商业贿赂来达成交易,则意味着市场交易是在暗箱操作中达成的,毫无公平和预期可言。因此,商业贿赂必定会腐蚀公平的市场竞争秩序,最终导致市场主体“多败俱伤”。①

(四)商业贿赂中“帐外暗中”认定标准的反思

虽然《反不正当竞争法》和《关于禁止商业贿赂行为的暂行规定》都以是“帐外暗中”还是“明示入账”为标准对“回扣”、“折扣”、“佣金”进行区分:“明示入账”的给付是合法的,而“帐外暗中”的给付就是非法的。但笔者认为,这一规定显然没有正确反映回扣作为一种商业贿赂行为侵犯公平的市场竞争秩序的本质。

1. 商业贿赂的本质在于侵犯了公平的市场竞争秩序,不能仅从形式上进行判断。补贴、广告费、回扣、折扣、佣金、小费都是商品交易活动中的重要促销手段,尤其是随着市场竞争的日益激烈,各种促销手段不断增加,在表现形式上彼此之间有时很难区分,但它们的共同点都是排挤其他竞争者以获取有利于自己的竞争优势,最终危害到公平的市场竞争秩序。因此,欧美国家的竞争法规定,支付、接受“明示入账”的折扣、佣金的,也可能违法,而“帐外暗中”支付或收受各种促销费用也并非都违法,如在西方国家,宾馆、酒店服务员收受小费、开瓶费都是很普遍的。只有当代理人收受回扣、折扣、佣金等费用对竞争构成了实质性影响,才可能构成商业贿赂。所以欧美国家大多在立法中明确了商业贿赂的有损竞争要件。②

2.“回扣”作为一种合法收入,事实上也得到了税务机关的认

① 万国华、张小芳:“从公司治理法律制度角度探寻反商业贿赂途径”,载《南开学报》(哲学社会科学版)2006 年第 5 期。

② 郑鹏程、刘长云:“论我国反商业贿赂法律制度的缺陷及其完善”,载《时代法学》2007 年第 1 期。

可。如1999年9月20日国家税务总局在《关于股民从证券公司取得的回扣收入征收个人所得税问题的批复》中指出:“对于股民个人从证券公司取得的此类回扣收入或交易手续费返还收入,应按照《中华人民共和国个人所得税法》第二条第十一项‘经国务院财政部门确定征税的其他所得’项目征收个人所得税,税款由证券公司在向股民支付回扣收入或交易手续费返还收入时代扣代缴。”据此,工商行政管理部门在实践中也没有机械地以是否“明示入账”作为判断商业贿赂的根据。国家工商行政管理总局曾在对有关省级工商行政管理局的答复中多次指出:折扣、回扣、手续费等入账与否不是认定商业贿赂的要件。如《关于旅行社或导游人员接受商场支付“人头费”、“停车费”等费用定性处理问题的答复》(工商公字[1999]第170号)指出,“不论给予或收受这种利益是否入账,只要这种利诱行为以争取交易为目的,且影响了其他竞争者开展质量、价格、服务等方面的公平竞争”,就构成了商业贿赂。① 这表明执法机关在个案中,已经抓住了回扣等损害竞争的本质,建议立法机关在将来修改《反不正当竞争法》时,也对损害竞争要件予以明确。

事实上,在《反不正当竞争法》的起草过程中,对于是否规定“帐外暗中”也曾经发生过争论。在全国人大常委会审议过程中,“有的委员会提出,回扣暗的不能给,明的也不能给,应当删去草案修改稿第8条规定‘暗中’两字。考虑到‘暗中’给予或收受回扣是罪与非罪的一条重要界限,我国当前回扣的重要特点是一些单位及其工作人员暗中收受回扣,损害国家、集体利益。因此,在法律条文中仍然保留‘暗中’两字”。② 可见,“帐外暗中”的回扣只是回扣的重要部

① 郑鹏程、刘长云:“论我国反商业贿赂法律制度的缺陷及其完善”,载《时代法学》2007年第1期。

② 全国人大法律委员会委员薛驹:“关于修改经济合同法的决定(草案)和反不正当竞争法(草案修改稿)修改意见的汇报”(1993年9月1日)。

分,还存在一部分回扣不是采用“帐外暗中”方式。因此,用“帐外暗中”作为回扣的法律判断标准并不合适。笔者建议,对于回扣等商业促销手段,应以其是否具有损害竞争的性质来进行判断,具有损害竞争性质的应作为商业贿赂行为加以处罚,不具此性质的,则应视为合法的商业促销手段。

第三章 商业贿赂犯罪的客观方面

犯罪构成要件是犯罪本质要素的类型化。因此，只有对商业贿赂犯罪的客观方面要件进行筛选，才能正确反映其本质并合理限定其成立范围。由于我国刑法学界关于贿赂犯罪客观方面要件的讨论大多是围绕公务贿赂犯罪进行的，因此不少学者在讨论商业贿赂犯罪客观方面时，也都表现为对公务贿赂犯罪客观方面讨论结论的移植，甚至是直接引用。笔者认为，虽然从钱权交易的角度讲，商业贿赂犯罪和公务贿赂犯罪有很多共同的地方，因此在构成要件上也有不少相似之处。但从受贿行为所利用的职权角度讲，二者是两种不同性质的贿赂犯罪，其侵害法益的不同决定了国家对其刑事政策的不同，进而影响到构成要件的差异。因此，对商业贿赂犯罪客观方面的研究，不能直接移植和引用公务贿赂犯罪的结论，应考虑到对其客体的保护价值而另有所构建。

第一节　商业贿赂犯罪的发生场所

一、商业贿赂犯罪必须发生在商业交易中

根据我国《刑法》的规定，某一具体犯罪构成的客观方面除了包括危害行为、危害结果外，还包括危害行为实施的各种客观条件。所谓危害行为实施的客观条件，是指说明行为的社会危害性及其程度而对定罪或量刑有所影响的时间、地点、方法和前提条件。任何危害行为的实施，都离不开一定的时间、地点、方法或者前提条件，这些客观条件统称为场合。① 对于有些犯罪而言，如果不在特定的时间、地点和条件下实施就不构成犯罪，这些时间、地点和条件就是作为犯罪构成要件的特定时间、地点、方法和前提条件。②

根据本文前述商业贿赂犯罪的定义来看，它是发生在商业交易中的贿赂犯罪，因此，商业贿赂犯罪也有其特定的发生场所，即发生在商业交易或商业往来活动中。事实上我国不少学者在论述商业贿赂犯罪时都对商业贿赂犯罪的发生领域有过类似的表述，如"商业贿赂行为发生的场合是在市场交易活动中"、③"商业贿赂犯罪的首要特点就在于它发生在经济往来中"。④ 因而，"商业交易"这一特

---

① 《现代汉语词典》，商务印书馆1996年修订本第3版，第143页。

② 马克昌主编：《犯罪通论》，武汉大学出版社2001年版，第229～230页。

③ 魏昌东、陈磊："商业贿赂罪：从学理罪名向法定罪名之转化"，载《首都师范大学学报》（社会科学版）2006年第6期；唐晋伟："德国商业贿赂的经济法规制及其对我国的启示"，载《南京工业大学学报》（社会科学版）2007年第3期。

④ 吕天奇："商业贿赂犯罪构成的若干新问题研究"，载《现代法学》2006年第5期。

定的场合,是商业贿赂犯罪成立的客观要件,这就把商业贿赂与行政机关和相对人之间的行政关系,私人之间一次性、非职业性或者长期性的经济关系区分开来。

商业贿赂犯罪中“商业交易”这一特点的客观要件,对于区分此罪与彼罪有重要意义。典型的是可以用来区分我国的商业贿赂犯罪和《刑法》第385条至第393条所规定的公务贿赂犯罪。商业贿赂犯罪是发生在“商业交易”中的贿赂犯罪,“商业交易”本质上是一种社会权力,商业贿赂犯罪正是社会权力的不当行使所导致的贿赂犯罪;而公务贿赂犯罪则是公共权力的不当行使所导致的贿赂犯罪,这是商业贿赂犯罪区别于公务贿赂犯罪的本质特征。虽然我国《反不正当竞争法》在关于商业贿赂的规定中未明示“商业交易”这一要件,只是规定了“经营者在销售或购买商品时”,但这里的“销售或购买商品时”其实就是指在商业交易过程中。但从当下对商业贿赂犯罪的讨论来看,商业贿赂的范围被无限扩大,偏离了其本来含义。尤其是在我国目前整治商业贿赂专项斗争中,不少观点将商业贿赂看作是一个无所不包的概念,认为它不仅包括了发生在商业交易中的贿赂行为,而且包括了国家工作人员在行使公共权力时的贿赂行为。司法实践也将大量原本不具备商业贿赂性质的公务贿赂行为当作商业贿赂犯罪处理,使反商业贿赂活动超出了商业交易领域,成为政治层面的反贿赂乃至反腐败的一部分。这些做法都在本质上混淆了两种不同性质的贿赂犯罪,是刑事政策上的误导,有必要加以纠正。因此,对商业贿赂犯罪的界定也必须回归到“商业交易”这一本质要素上来,它是指发生在商业交易中的贿赂行为,在商业贿赂犯罪的客观要件中也有必要加入“在商业交易中”这一要件,从而区别于《刑法》第385条至第393条所规定的公务贿赂犯罪。

事实上,不少国家刑法和国际公约关于商业贿赂犯罪的规定中,都对商业贿赂行为的发生场所有所规定。如《德国刑法典》第299

条规定，商业行贿行为的客观方面，表现为行为人在活动中，以竞争为目的，向另一商业企业在职人员或受托人提供、允诺或给予某种利益，以使其在采购商品或服务时以不正当方式优待自己或某个第三人。[①] 其中的“商业活动”也可以说是对商业贿赂犯罪特定场所的一种表述。类似地，《联合国反腐败公约》中规定的私营部门内的贿赂犯罪也只把发生在“经济、金融或商业活动中”的贿赂行为规定为犯罪。欧洲理事会《反腐败刑法公约》也只是把私营部门在商业交往中发生的贿赂行为规定为商业贿赂犯罪。[②]

二、商业贿赂犯罪中“商业交易”的界定

对“商业交易”这一术语如何界定，目前还存在多种争议，各国实践中也莫衷一是。之所以如此，是因为随着市场经济的发展和社会权的多元化，社会行为日益多样化，存在着大量的介于两者之间的社会行为，很难准确地将其归于商业行为或非商业行为。此外，许多定义都存在循环论证的错误，即用商业这一词语来解释商业交易。

从各国对“商业交易”的研究现状来看，理论上有如下争议：[③]

1. 目的标准说。这种观点认为商业行为本身在很大程度上是由其目的决定的，某一行为之所以具有商业性质是因为它的目的通常是为了追求利润。如《德国反不正当竞争法》对商业贿赂行为的规定中，认为“任何一项以任何方式旨在促进任何一种商业目的的

---

① 邵建东：《德国反不正当竞争法研究》，中国人民大学出版社2001年版，第226页。

② 王世洲：《德国经济犯罪与经济刑法研究》，北京大学出版社1999年版，第412页。

③ 张露藜：“论国家豁免中商业交易的认定”，载《现代法学》2006年第2期。

活动,都属于发生在商业交易领域”。

2. 行为标准说。这种观点认为,某一行为的商业特征应根据行为的过程性质或特定的交易性质来决定,而不是根据行为目的。因为不少社会行为虽然也具有营利目的,但并非就是商业行为。例如,举办慈善晚会,用门票作为慈善用款,虽然出售门票具有营利目的,但举办慈善晚会并非商业行为。

3. 混合标准说。因为不论是行为的目的或性质都不能提供完全满意的区分标准,因而产生了另一种更广义的区分标准,即混合标准。这种观点认为,某种行为是否属于商业交易,首先要看交易行为性质,当行为性质不明确时,可以参考行为目的。

虽然“行为标准说”是各国国内立法和法院判例所采纳的主要观点,但联合国国际法委员会在2004年通过的《国家及其财产管辖豁免公约》(以下简称《公约》)却采用了“混合标准说”。《公约》第2条规定在确定合同或交易是否属于“商业交易”时,“首先考虑合同或交易的性质,但是,如果在作为其缔约一方的国家实践中,合同或交易的目的与确定其非商业性质有关,则也应予考虑”。根据《公约》的规定,商业交易包括:(1)为出售货物或提供服务而订立的任何商业合同或交易;(2)任何贷款或其他金融性质之交易的合同,包括任何与此类贷款或交易有关的任何担保义务或赔偿义务;(3)商业、工业、贸易或专业性质的任何其他合同或交易,但不包括雇佣人员的合同。从国际条约和各国国内立法来看,有关商业交易的定义都较为近似。英国《国家豁免法》第3条规定,商业交易是指:(1)提供劳务或服务的行为;(2)借贷和金融债务的保证和赔偿以及其他有关的行为;(3)从事非主权范围内的商业、工业、金融企业或类似性质的行为。①

商业贿赂犯罪中的“商业交易”范围非常广泛,几乎包括了各种

① 张露藜:“论国家豁免中商业交易的认定”,载《现代法学》2006年第2期。

以营利为目的的商品交换和与此相关的其他活动。具体涉及：第一，直接媒介财物交易的商事活动，主要包括商品交易、证券交易、票据交易以及海商交易等。第二，间接媒介货物交易的商事活动，它是使直接交易得以实现其目的的某种辅助行为，包括货物运送、仓储、代理、行纪、居间、包装等。第三，虽不具有直接或者间接媒介货物交易活动的目的，但其行为性质与前两种商事活动有密切联系或者为其提供商业条件的营业活动，如银行、融资、信托、承揽、制造、加工、出版、印刷、摄影。第四，仅与第二种或者第三种商事活动有牵连关系的营业活动，如广告宣传、人身和财产保险、旅馆、饭店、戏院、旅游服务、信息咨询。① 这一界定可以说与目前国际上通行的"商业交易"概念大致相同。如澳大利亚 1985 年《外国国家豁免法》第 11 条则规定，商业交易是指"有外国国家参加的商业的、贸易的、营业的、职业的和工业的活动，或有外国国家参加的类似性质的活动，在不对大多数上述活动作限定的情况下，只包括：(1)提供货物和服务的合同；(2)贷款协议或其他提供资金或与提供资金有关的交易；(3)关于金融债务的担保或赔偿，但不包括雇佣合同或汇票"。②

特别需要指出的是，有对商业贿赂犯罪的发生场所作明确规定的国家，如德国《反不正当竞争法》就对"商业交易"作了明确规定。该法认为，商业贿赂必须是发生的"商业交易"中的贿赂行为。"商业交易"在德语原文中为"Geschaftliche Verkehr"，这个概念并不是指狭义上的、市场流通意义上的"商业交易"，而是用来泛指经济交易或市场交易。因此，德国学术界和司法判例一致认为，应当从最

① 魏昌东、陈磊："商业贿赂罪：从学理罪名向法定罪名之转化"，载《首都师范大学学报》(社会科学版)2006 年第 6 期。

② 程宝库：《商业贿赂——社会危害性及其治理》，法律出版社 2006 年版，第 4 页。

广泛的意义上来理解和把握"商业交易"这个概念,任何一项以任何方式旨在促进任何一种商业目的的活动,都属于发生在商业交易领域。这种商业目的,既可以是行为人自己的商业目的,也可以是行为人以外的其他人的商业目的。与此相适应,司法实践也是在最广泛的意义上来理解商业交易性质的活动:不仅包括一切商业营业,而且包括律师、医生、艺术家、建筑师、科学家等自由职业者所从事的活动。经营者的行为,除纯属私人性质外,可推定为商业交易性质的行为;国家机构从事的行为,除纯属行使公权性质的、官方的管理行为外,也可推定为具有商业交易性质。① 尤其值得一提的是,在目前的德国刑法中,学者们对如何界定"公务人员"一直存在争议,因而对如何区分公务贿赂犯罪和商业贿赂犯罪也存在不同见解。而引用"商业交易"这一概念,则可以合理地将公务人员从事商业交易时的贿赂行为吸收到商业贿赂犯罪中来,从而避免理论上的争议。这一举措也可以为我国刑法所借鉴,尤其是当下市场经济条件下不少市场主体的国有性质难以界定,用"商业交易"这一特征或场所就可以避开这种理论的纷争,或者说为理论的争议提供一个新的解决方案。

三、"经济往来"的实质是"商业交易"

我国《刑法》分则不少贿赂犯罪中都提到了"经济往来"这一概念,主要包括:(1)《刑法》第 163 条第 2 款规定,"公司、企业或者其他单位工作人员在经济往来中,违反国家规定,收受各种名义的回扣、手续费,归个人所有的,依照前款规定处罚",即构成非国家工作

① 邵建东:《德国反不正当竞争法研究》,中国人民大学出版社 2001 年版,第40～41 页。

人员受贿罪。(2)《刑法》第385条第2款规定:"国家工作人员在经济往来中,违反国家规定,收受各种名义的回扣、手续费,归个人所有的,以受贿论。"这是国家工作人员的经济受贿行为,构成受贿罪。(3)《刑法》第387条第2款规定:"前款所列单位(即第一款规定的国家机关、国有公司、企业、事业单位、人民团体),在经济往来中,违反国家规定,收受各种名义的回扣、手续费,归个人所有的,以受贿论,依照前款的规定处罚。"这属于单位的经济受贿行为,构成单位受贿罪。(4)《刑法》第389条第2款规定:"在经济往来中,违反国家规定,给予国家工作人员以财物,数额较大的,或者违反国家规定,给予国家工作人员以各种名义的回扣、手续费的,以行贿论处。"这是在经济往来中针对国家工作人员的行贿行为,构成行贿罪。(5)《刑法》第391条第1款规定:"为谋取不正当利益,给予国家机关、国有公司、企业、事业单位、人民团体以财物的,或者在经济往来中,违反国家规定,给予各种名义的回扣、手续费的,处三年以下有期徒刑或者拘役。"这是在经济往来中针对国有单位的行贿行为,构成对单位行贿罪。

这种发生在经济往来中的行贿受贿行为,我国刑法理论上称之为"经济受贿"。经济受贿的核心是在经济活动中收受各种名义的回扣、手续费。在市场经济中,为逃避法律制裁,各种行贿方式层出不穷,以回扣、手续费等方式进行贿赂表现得尤为突出,为了加大对这类行为的打击力度,《刑法》单独将其列出来,是一种法律拟制,仅适用于《刑法》所限定的情形,不具有普遍意义。①

对于"经济往来"的性质,目前刑法学界主要有如下几种观点:

1."经济往来"既包括国家工作人员从事的微观经济管理活动,也包括国家工作人员直接参与商品购销等市场交易行为的活动。前者如财政、税收、金融、保险、物价、工商等经济行政管理部门的经

① 王昌学主编:《市场经济犯罪纵横谈》,法律出版社2001年版,第585页。

济管理活动，属于纵向的管理与被管理经济关系；后者如直接参与生产、经营、购销的活动，签订、履行经济合同的活动，表现为平等民事主体之间的横向、平等的经济关系。[①] 这种观点主要是针对国家工作人员的经济受贿行为而言的。

2."经济往来"，仅限于行为人代表本单位与其他市场主体从事的商事交易活动，即仅限于民事主体之间横向、平等的经济关系，而不包括行为人代表国家或单位进行的经济管理活动。因此，行为人在执行经济行政管理活动时索贿受贿的，不属经济往来而属经济管理。[②] 其中的行为人，既包括国家工作人员，也包括《刑法》第163条规定的非国家工作人员。

笔者赞成上述第二种观点，"经济往来"只可能包括行为人直接参与的经济交往活动，而不能包括行为人依职权进行的经济管理活动。首先，从词义上来考虑，"经济往来"应是指一种相互的、对象性的互动活动，符合商事交易中平等民事主体进行交易的本质。而经济管理只是单向的管理与被管理活动，只可能是行为人管理其他社会主体，不可能存在互动和往来。其次，经济管理活动与经济交往活动是两种不同性质的权力，利用这两种权力的受贿行为性质和社会危害性也不相同，不可能规定在同一刑法条款中适用相同刑罚。如果是国家工作人员在经济管理活动中受贿的，其利用职务之便仍是国家的管理权，是公权力的体现，应构成受贿罪；而国家工作人员与其他社会主体一样从事经济活动时，其利用的只是社会权力或者说是私权力而非公权力，只可能构成商业受贿罪。

可见，所谓"经济往来"，实际上就是指上述各类非国家工作人

---

① 陈正云、文盛堂主编：《贪污贿赂犯罪认定与侦查实务》，中国检察出版社2002年版，第71页。

② 杨兴国：《贪污贿赂罪法律与司法解释应用问题解疑》，中国检察出版社2003年版，第216页。

员或国家工作人员代表所在单位进行的一种商业交易活动。因为“经济往来”本身就是商业交易的典型形态,它要求参与经济活动的双方主体都必须以交换给付和对待给付方式来履行其根本任务。“经济往来”中进行行贿受贿行为的主要目的也是为了争夺市场份额,获取交易机会和竞争优势,从而获得更多的商业利润。这种行贿受贿行为所直接侵犯的也主要是公平的市场竞争秩序,而不是公司、企业的管理秩序或者是国家工作人员职务行为的廉洁性。对这类发生在经济往来领域的行贿受贿行为,无论其主体如何,都应该定性为商业贿赂犯罪,而不可能构成非国家工作人员的贿赂犯罪或者国家工作人员的贿赂犯罪;也就是说,前述刑法条文中涉及“经济往来”的五个条文,其犯罪性质应为商业贿赂犯罪。

第二节　商业贿赂犯罪的行贿行为

一、商业行贿行为具有损害竞争性质

前文指出,在商业贿赂犯罪中,对该罪性质起决定性作用的,是其中的商业行贿行为。商业贿赂犯罪所具有的损害竞争的性质,也主要体现在商业行贿行为上。

(一)损害竞争性质的理解

商业行贿行为的损害竞争性质,可以从以下几方面理解:

1. 违反了公平竞争原则

公平竞争原则是指市场中不同利益主体之间为了追逐有限的经济目标而进行的一切符合法律和道德准则活动的总称,竞争的正当性和合伦理性是其核心要素。或者说“公平竞争”是一种程序化、制

度化的理性竞争,其要求的是竞争的公平性。[1] 竞争的公平性,主要体现在如下几个方面:(1)形式意义上的公平,主要表现为竞争机会上的平等,即赋予各类、各个市场主体以同样的法律地位,同样的权利、义务,使竞争者适用同样的法律。(2)实质意义上的平等,即竞争过程上的平等,这主要是指竞争手段上的平等,即竞争手段应该公正、合理、正当。由于市场资源总是稀缺的,社会不可能保证所有的市场主体都能拥有市场资源,优胜劣汰的结果是部分具有竞争力的市场主体优先获得市场资源,而市场主体这种竞争力正常情况下是建立在价格、质量、服务等综合实力基础上的。但很多情况下,部分市场主体选择了以贿赂去换取正常情况下无法获得的市场竞争优势,以排挤其他市场主体的合理竞争。这明显与市场经济的公平竞争原则相违背,必然导致优胜劣汰的价值规律失去作用,使正常的市场竞争无法形成,形成经济学"劣币驱逐良币"的效应,最终阻碍市场经济的发展。

2. 损害了其他竞争者的利益

商业行贿行为对竞争的损害,直接体现在对其他竞争者利益的损害。竞争本质上是对交易对象的争夺,任何市场主体通过贿赂手段获取竞争优势,相对于市场中其他竞争者而言,都是不公平的,他人应得的商业利益有可能因此而受损。商业行贿行为对其他经营者利益的损害主要表现在两个方面:(1)直接影响。其他竞争者在特定商业交易中丧失竞争优势和交易机会,这就意味着预期商业利润无法实现,从而造成直接的经济损失。(2)间接影响。商业环境的恶劣间接对经营者造成的影响。经营者也是购买者,其本应享受的正当竞争给消费者带来的种种好处,如降低价格、提高质量、改善服务,却因商业贿赂的泛滥而无法兑现,从而造成间接的经济损失。

① 彭海斌:《公平竞争制度选择》,商务印书馆2006年版,第52~60页。

（二）损害竞争性质的意义

损害竞争性质，是指商业贿赂犯罪的危害性主要体现在对外部关系（公平的市场竞争秩序和其他竞争者的合法权益）的侵犯，从而将侵犯内部关系（受贿人与雇主之间的关系）的贿赂行为排除在外。

我国不少学者都将私营部门内部的贿赂犯罪等同于商业贿赂犯罪，[①]这种观点并不合适。因为私营部门内部的贿赂犯罪不仅包括私营部门的工作人员对外参与市场交易时侵犯公平的市场竞争秩序的行贿受贿行为，而且也包括私营部门内部员工间为了谋取其他不正当利益的行贿受贿行为，如下级员工为了职位升迁而贿赂上级主管人员的行为。前者属于对竞争秩序这种外部关系的侵害，因而构成商业贿赂犯罪；后者则属于违反内部义务（受贿人与其雇主之间关系）的贿赂行为，没有在外部关系上损害竞争对手的合法权益，不构成商业贿赂犯罪。因此，笔者主张在商业行贿罪的客观要件中增加“损害竞争”这一要件，以将那些与私营部门工作人员有关而又没有侵犯公平市场竞争秩序的贿赂行为排除在商业行贿罪之外。

《德国反不正当竞争法》第 12 条就有此类规定。该法第 12 条是以英国 1906 年的《防止腐败法》为蓝本而制定的，因此，该条有关商业贿赂规定的“以不正当方式优待”相当于英国法中的“腐败性质的”（corruptly），[②]其立法旨意是将商业贿赂的构成标准定在行为人从事行为的方式及其损害的对象上，只要行为人从事的行为是“腐败性质的”（corruptly），即行为人贿赂对方后以不正当方式（in unlauterer Weise）获得了优待，其行为就构成商业行贿罪。这说明，判断受贿人优待行贿人或第三人是否以不正当方式所为，关键不在

---

① 卢建平、张旭辉：“商业贿赂的刑法规制——以私营部门为例”，载《法学杂志》2007 年第 1 期。

② 邵建东：《德国反不正当竞争法研究》，中国人民大学出版社 2001 年版，第 232 页。

于考察此项优待行为在内部关系上(受贿人与其雇主之间的关系)是否违反了义务,而是要考察此项行为是否在外部关系上(行贿人与其竞争对手的关系)损害了竞争对手的合法权益,破坏了竞争的诚实性和正当性。[1] 可见,“是否有损竞争”这一要件说明了商业贿赂犯罪的危害性主要体现在对外部关系(公平的市场竞争秩序和其他竞争者的合法权益)的侵犯,从而将侵犯内部关系(受贿人与雇主之间的关系)的贿赂行为排除在外。

二、商业行贿行为的具体方式

一般认为,商业行贿罪具体表现方式是给予对方财物,包括许诺给予、提议给予和实际给予。由于我国《刑法》贿赂犯罪中对行贿犯罪客观方面的描述是“给予”,因而不少学者认为,“给予”应理解为实现了财物的转移,因此我国《刑法》缺少对“许诺给予”的规定,应在司法解释上对“给予”进行扩大解释。[2] 笔者赞成这种主张,从国际公约和市场经济成熟国家的刑法规定来看,行贿行为的具体方式都包括许诺给予、实际给予和提议给予。如《联合国反腐败公约》规定的行贿方式是许诺给予、提议给予和实际给予。类似的,美国法规定,行贿既包括直接给付金钱,也包括提供、许诺、批准给付金钱以及其他任何有价值的事项。其他诸国的刑法一般也都规定行贿的方式除了给予之外,还包括“提供”、“允诺”(或“约定”)。也有学者指出,“提供”和“给予”的对象是不同的,给予的对象只能是有体

---

① 邵建东:《德国反不正当竞争法研究》,中国人民大学出版社 2001 年版,第 232 页。

② 刘远:“商业贿赂犯罪的概念与立法”,载秦瑞基、胡常龙主编:《商业贿赂犯罪问题研究》,山东大学出版社 2006 年版,第 10 页。

物，而提供的对象还包括无形物和商业性服务。① 笔者认为，商业贿赂犯罪中行贿行为的具体方式包括：

1. 提供贿赂，也即“行求贿赂”或“发出要约”，是指任何一项向相对人发出的可为对方识别的意思表示，其主要内容是给予对方相应的利益，以换取对方实施一定的职务上的行为。“提供”不需要具备任何形式要件，即使是通过可推测的行为表达出来也能成立。②

2. 允诺贿赂，即“许诺”、“答应”的意思。“允诺”也不需要具备任何形式，甚至不需要明确地表示出来，如长期的商业往来中，只要人们有理由预期这种习惯会继续下去就可以成立“允诺”。

3. “给予”是指实际履行。行为人可以自己亲自履行，也可以交由第三人来履行。“给予”与“提供”的区别在于，前者是实际上主动给予了贿赂，而后者只是行贿者愿意给予贿赂的表示，是否实际给予还有待受贿者的意思表示。③

第三节　商业贿赂犯罪的受贿行为

从我国《刑法》对贿赂犯罪的规定来看，④一个完整的贿赂犯罪的受贿行为可以抽象出下列三个要件：(1)利用职务上的便利；(2)索取或收受他人贿赂；(3)为他人谋取利益（当然，在非国家工作人员受贿罪中，还有数额上的要求）。与此类似，现行《德国刑法典》第299条对商业受贿罪客观方面的规定是：商业企业的雇员或受托

---

① 齐文远、童德华：“对商业贿赂概念的再思考”，载《人民检察》2007年第19期。

② 刘远：“商业贿赂犯罪的概念与立法”，载秦瑞基、胡常龙主编：《商业贿赂犯罪问题研究》，山东大学出版社2007年版，第10页。

③ 邵建东：《德国反不正当竞争法研究》，中国人民大学出版社2001年版，第230页。

④ 主要是指《刑法》第163条、第164条和《刑法》第385条至第393条所规定的与贿赂有关的犯罪。

人在商业交往中，为自己或第三人要求、约定或接受利益，而他作为回报在有关商品或商业服务的竞争中，以不法方法优惠他人。①《联合国反腐败公约》对私营部门贿赂犯罪受贿行为的规定是：以任何身份领导私营部门实体或者为该实体工作的任何人为其本人或者他人直接或间接索取或者收受不正当好处，以作为其违背职责作为或者不作为条件的行为。

可见，虽然各国贿赂犯罪中受贿行为的表现方式不一，但共同的“钱权交易”本质，决定了它们有共同的特点：(1)受贿行为的职务要件——受贿人利用了自己的职务所产生的便利条件；(2)受贿人实施了收受贿赂的具体行为，即索取、收受或者约定贿赂；(3)受贿行为的利益要件——受贿人事实上以不正当的方式优待了行贿人。因此，笔者根据上述共同点，以及我国《刑法》对受贿行为的表述惯例，认为商业贿赂犯罪的受贿行为也包括这三个要件。

一、商业贿赂犯罪受贿行为的职务要件

商业贿赂犯罪受贿行为的职务要件是指行为人利用了自己职务所产生的便利条件。关于这一问题，有以下几点需要讨论。

(一)“利用职务上便利条件”的特征

所谓“利用职务上的便利”是指利用根据法律、法规、政策、单位规章制度或者合同契约等所赋予的特定权力及方便条件。利用职务上的便利的“职务”，有其独特的特征：一是职务的合法性，即行为人所具有的职务是根据法律、法规、政策、单位规章制度或者合同契约所赋予的，具有合法性。职务合法取得的形式，主要是指职务必须由依法任命、选举或者聘用等方式所产生。二是职权的特定性。

---

① 徐久生、庄敬华译：《德国刑法典》，中国方正出版社2004年版，第144页。

职务的前提是行为人享有一定的职权，而这种职权是由其身份决定的，即行为人由于其是市场交易中所处的卖方或买方地位而产生的对特定商事交易的决定权。三是义务的法定性，即具有一定职务的单位人员，不仅具有其法定权力，而且具有其法定义务。受贿人往往是代表所在单位进行市场交易，拥有对交易的决定权，同时也负有不得收受贿赂而违背公平的市场竞争秩序和职务廉洁性的义务。

（二）商业受贿罪中“利用职务上的便利”的解读

商业贿赂犯罪中的“利用职务上的便利”是指利用自己对商事交易的决定权，即具有决定与众多交易对象中的哪一个进行商事交易、如何与之进行商事交易的权力。行为人只有对特定的商业交易具有决定权，或者能够影响特定的商业交易的进行，进而能够制约交易双方利益时，才能成为行贿人行贿的对象。

从外延上讲，由商事交易决定权所产生的“利用职务上的便利”主要指受贿人在商业交易活动中产生的商事交易决定权及其派生权力，如行为人利用了自己职务上主管、经管、负责或参与某项工作的便利条件。这是构成商业受贿罪不可缺少的要件。包括以下几种情况：第一，利用本人直接主管、负责、承办公司、企业或其他单位某种具体事务的职权，即利用职权、职务范围内的权力。第二，利用滥用职权所产生的便利条件，即行为人超越自己的职务权限为他人谋利益。第三，利用自己分管、主管的下属人员的职权，即处于领导地位的公司、企业人员在其主管、分管的业务范围内，具有一定的领导权和指挥权，可以命令、指使下属、下级公司、企业人员为行贿人谋利。① 它既可以发生在同一公司、企业内部的上下级之间，也可以发生在具有纵向制约关系的不同公司之间，如母公司的上级人员对子公司的下属人员。

① 孙国祥、魏昌东：《经济刑法研究》，法律出版社2005年版，第271页。

（三）“利用职务上便利条件”相关问题的争议

由于我国刑法学界关于受贿罪的讨论中涉及“利用职务之便”时是否包括利用“工作上的便利”的争论，以及“利用职务上的便利”是否包括“利用本人职权或地位形成的便利条件”问题。因此，不少学者在讨论商业受贿罪时也直接引用了这些争论和结论。[①] 笔者认为，这些观点并不合适。

1. 商业受贿罪中“利用职务上的便利”是否包括“利用工作上的便利”

在公务贿赂犯罪中，对于“利用职务上的便利”是否包括“利用工作上的便利”，理论上存在两种争议观点：

（1）肯定说。该观点认为，“利用职务上的便利”应该包括两个彼此相连的方面：一是基于本人职务身份而产生的职权；二是由于职务派生出来的工作便利，这种情况多发生在有第三者存在的场合。行为人与第三者之间虽然不存在行政上的隶属关系和领导关系，却存在业务上的依赖关系，横向的经济合作关系，或工作上的相互制约关系。行为人虽然不能直接命令第三者，但其担任的职务所具有的地位，对第三者存在着现实的影响，这种影响力就是受贿人得以利用的工作便利。[②] 这种观点来自于1985年“两高”作出的《关于当前办理经济犯罪案件具体应用法律的若干问题的解答》（试行），其中规定：“利用职务上的便利，是构成受贿罪的不可缺少的要件。”但谈到这一要件的具体表现时，将其表述为：“利用职权或者工作便利。”因此，导致理论界和实务部门围绕“工作便利”

① 田宏杰：“试论商业受贿罪的危害及其司法适用”，载《法理适用》2006年第9期；王洪青：“商业贿赂犯罪的概念及法律适用对策——以《中华人民共和国刑法修正案》（六）第7条、第8条为视角”，载《法律适用》2006年第9期；魏昌东、陈磊：“商业贿赂罪：从学理罪名向法定罪名之转化——兼论中国刑法商业贿赂罪的立法设计”，载《首都师范大学学报》（社会科学版）2006年第6期。

② 孟庆华：《受贿罪研究新动向》，中国方正出版社2005年版，第77页。

的尖锐争论。

(2)否定说。该观点认为,“利用职务上的便利”不包括与工作相关联的便利所造成的方便条件,“工作便利”的内容并不准确,把工作便利作为受贿罪的构成要件,容易造成实践中的混淆。[①] 不少学者认为,“工作上的便利”一词的含义相当广泛,它可以与职务相联系,由职务派生而来,也可以不与职务相联系。所以,从逻辑上讲,工作上的便利内涵要比职务上的便利宽泛,前者可以包括后者,把利用职务上的便利解释为包括利用工作上的便利,在逻辑上是矛盾的。[②] 此外,“利用职务上的便利”具有权力性,而“利用工作上的便利”并不具有权力性,如果利用工作上的便利条件与职权没有内在联系时,不符合“钱权交易”的本质,不应该构成受贿罪。因此,1989年11月“两高”在其作出的《关于执行〈关于惩治贪污罪贿赂罪的补充规定〉若干问题的解答》中,对“利用职务上的便利”再次作出规定:“受贿罪中利用职务上的便利,是指利用职权或者与职权有关的便利条件。”该解释否定了“工作上的便利也是职务上的便利”这一观点,1997年修订的现行《刑法》也没有承认“工作上的便利”之说。这样,学界对这一问题的看法逐渐达成一致。[③]

笔者认为,虽然商业贿赂犯罪中也存在“利用职务上的便利”这一条件,但它同样不包括“利用工作上的便利”。除了前述受贿罪中否定说的理由外,还应看到,商业贿赂犯罪中的“职务”乃是对一定商事交易的决定权。如前所述,从商法的角度而言,这种“职务上的便利”其实就是由商事代理权而产生的便利,即行为人利用自己主管、经营或者参与经手公司、企业或其他单位具体业务所形成的便

① 孟庆华:《受贿罪研究新动向》,中国方正出版社2005年版,第77页。

② 杨兴国:《贪污贿赂罪法律与司法解释应用问题解疑》,中国检察出版社2002年版,第183页。

③ 房清侠等:《刑法理论问题专题研究》,中国人民公安大学出版社2003年版,第370页。

利条件。因此,仅仅是工作中的便利条件,缺乏这种对商事交易的决定权,不可能构成商业受贿罪。从实践来看,公司、企业或者其他市场主体中从事业务的主要是各种经理人、职员和劳务人员。其中,经理人与企业主之间是一种委托—代理的关系。经理人作为公司、企业的高级管理人员,对内负责企业事务的管理,对外可以代表公司、企业与第三人从事商业交易活动。因此,经理人也称全权代理人。职员是指企业主或其经理人聘任或授权为公司、企业办理某项特定业务或特定事项的人,如公司、企业中的推销员和采购员。职员与企业主之间也是一种委托—代理关系,只是针对特定事项或特定业务的代理。而劳务人员,则是指企业主或经理人雇佣为单位提供一定劳动服务的人,如取货、送货的人或清洁工之类的人。劳务人员,由于没有代理权,他们与单位主体之间是一种雇佣合同关系,而不是委托—代理关系。① 这就排除了劳务人员构成本罪的可能性,即排除了"利用工作便利"的可能性。从这个角度而言,由商事代理权派生而来的"利用职务上的便利"主要是针对经理人和职员而言,对于劳务人员而言,由于不存在商事代理权,因此只存在"工作上的便利",不可能存在"利用职务上的便利",这也是劳务人员不可能构成商业受贿罪的原因。

2. 商业受贿罪中"利用职务上的便利"是否包括"利用本人职权或地位形成的便利条件"

受贿罪中"利用职务上的便利"是否仅限于利用本人职务上的便利,一直存在争议,这主要缘于"两高"在1989年11月6日《关于执行〈关于惩治贪污罪贿赂罪的补充规定〉若干问题的解答》中规定:"受贿罪中'利用职务上的便利',是指利用职权或者与职务有关的便利条件。'职权'是指本人职务范围内的权力。'与职务有关',是指虽然不是直接利用职权,但利用了本人的职权或地位形成的便

① 施天涛:《商法学》,法律出版社2003年版,第58~59页。

利条件。”而我国现行《刑法》第385条规定了“利用职务上的便利”的情形构成受贿罪，又在第388条规定“利用本人职权或地位形成的便利条件”构成斡旋受贿罪。因此，刑法学界对受贿罪中“利用职务上的便利”是否包括“利用本人职权和地位形成的便利条件”存在争议，主要有如下两种观点：

(1)肯定说。认为“利用职务上的便利”应该包括“利用本人职权或地位形成的便利条件”。易言之，对于“利用职务上的便利”应作扩大解释，“利用本人职权或地位所形成的便利条件”是“利用职务上的便利”的延伸或者说是其应有之义。持这种观点的学者同时指出：《刑法》第388条规定的以受贿罪论处的“间接受贿”，指的是利用与本人职务无关的便利条件，即利用亲属关系、友情关系和工作关系，因此，如果利用与本人职务有关的便利条件通过第三者的职务便利为请托人谋利而受贿的，应解释为《刑法》第385条规定的范围；如果纯粹利用与本人职务无关的、第三者的职务上行为，则应解释为《刑法》第388条规定的“间接受贿”。①

(2)否定说。认为《刑法》第385条中的“利用职务上的便利”，是专指利用本人职务范围内的权力，即自己职务上主管、负责或者承办某种公务的职权所形成的便利条件，不应该包括“利用本人职权或地位形成的便利条件”。首先，根据现行《刑法》的规定，“利用职务上的便利”与“利用本人职权或地位形成的便利条件”是并列关系而非包容关系，前者不包括后者；其次，从词义上解释，所谓“利用职务上的便利”仅仅是指利用本人职务范围内的权力，而不应将其解释为包括“利用本人职权或地位形成的便利条件”，否则是一种类

① 陈兴良：“受贿罪研究”，载陈兴良主编：《刑事法判解》(第3卷)，法律出版社2001年版。

推解释,超出了人们正常的预测范围。①

针对这种争议2003年11月13日最高人民法院下发的《全国法院审理经济犯罪案件工作座谈会纪要》指出:"刑法第385条第一款规定的'利用职务上的便利',既包括利用本人职务上主管、负责、承办某项公共事务的职权,也包括利用职务上有隶属、制约关系的其他国家工作人员的职权。担任单位领导职务的国家工作人员通过不属于自己主管的下级部门的国家工作人员职务为他人谋取利益的,应当认定为'利用职务上的便利'为他人谋取利益。"

我国不少学者在研究商业受贿罪时,也引用了这一结论,认为在商业受贿罪中,"利用职务上的便利"的内涵与公务贿赂犯罪相同,既包括利用本人职务上主管、负责、承办某项事务的职权,也包括利用职务上有隶属、制约关系的其他单位工作人员的职权。② 笔者认为,在商业受贿罪中,不能一概引用这些观点,而应具体情况具体分析。对于前者,即利用本人职务上主管、负责、承办某项事务的职权,在公务贿赂犯罪和商业贿赂犯罪中可以做同样的理解;但对于后者,即利用职务上有隶属、制约关系的其他单位工作人员的职权的问题,在公务贿赂犯罪和商业贿赂犯罪中并不完全一致。

从总体上讲,在公务贿赂犯罪中,行为人利用其他国家工作人员的职务行为为行贿人谋利时,行为人成立直接受贿,主要是因为行为人因为自己的职权而对其他国家工作人员具有制约关系。这种制约关系主要表现为两种:纵向的制约关系和横向的制约关系。所

---

① 潘爱民、许建琼:"受贿罪认定中的几个疑难问题",载《人民检察》2001年第11期;龚培华、肖中华:《刑法疑难争议问题与司法对策》,中国检察出版社2002年版,第594页。

② 王洪青:"商业贿赂犯罪的概念及法律适用对策——以《中华人民共和国刑法修正案》(六)第7条、第8条为视角",载《法律适用》2006年第9期;魏昌东、陈磊:"商业贿赂罪:从学理罪名向法定罪名之转化——兼论中国刑法商业贿赂罪的立法设计",载《首都师范大学学报》(社会科学版)2006年第6期。

谓纵向的制约关系，是指行为人对他人具有上下级的隶属、制约关系。如上级领导人对其下级国家工作人员在职务上具有隶属、制约关系，上级领导人可能会凭借其对下属单位的领导、监督的便利条件，利用下属单位及人员的职务行为为他人谋取利益，而本人从中收受贿赂。所谓横向的制约关系，是指在不同的部门、单位之间，这一国家工作人员与那一国家工作人员存在着职务上的制约关系。一方可以凭借自己的职权左右另一方，使其利用职权为他人办事。① 但在商业贿赂犯罪中，受贿人“利用职务上的便利”对其他人产生的制约关系只可能表现为一种纵向的制约关系，而不可能存在横向的制约关系。这主要是由于“公务”与“商务”各自不同的特点以及行贿人与受贿人在两种贿赂犯罪中的不同地位所导致的。

(1)从公务与商务的自身特点来看

对于公务贿赂犯罪而言，在国家这个庞大的机器中，各机关、部门都是通过法律、法规和各种规章制度所赋予的功能来运作的。也正是由于这种规章制度的存在，导致了各机关、各部门之间的制约关系，这就为所谓的“职权或地位形成的便利条件”埋下了伏笔。或者说，正是由于行政管理级别的错综复杂，导致了各国家机关单位、部门相互间存在着职务上的制约或协作关系，从而形成了广泛联系的关系网，可以通过彼此的职务行为，为请托人谋取利益。② 由此可见，“公务”的上述特征决定了受贿人可能利用对其他国家工作人员的横向制约关系来受贿。

但在商业贿赂犯罪中，受贿人在市场交易中占优势地位主要体现在其拥有一定的市场资源或因为其处于买方市场，由此产生了对商事交易能否成立的决定权。这种决定权只是针对特定的商事交易，即促成或缔结某项商业交易，它带有社会权力的自治性质，不像

① 肖中华：《贪污贿赂罪疑难解析》，上海人民出版社2006年版，第155页。

② 肖中华：《贪污贿赂罪疑难解析》，上海人民出版社2006年版，第155页。

公共权力那样具有行政上的广泛性和强制性。因此,通常情况下,只有具备了隶属关系的同一市场主体的上下级之间才会产生纵向的制约关系,形成"利用本人职务或地位形成的便利条件";对于不具备隶属关系的各个独立的市场主体而言,他们都是独立的市场经济人,很难想象某一市场主体能对其他市场主体产生横向的制约关系,因而不可能发生像公务贿赂犯罪那样"利用职权或地位形成的便利条件"。

(2)从两种贿赂犯罪中行贿人与受贿人的法律地位来看

从法律地位来讲,公务贿赂犯罪中,行贿人与受贿人的法律地位是不平等的。受贿人是掌握国家管理权力的公务人员,而行贿人是受国家权力支配的社会个体。受贿者与行贿者之间是管理与被管理、支配与被支配的关系,受贿人在这种关系中处于优势和主动地位。比如,行政机关的公务员和行政相对人之间的关系,司法工作人员与诉讼当事人之间的关系,人事、组织、纪检部门的工作人员与其查处、考察的公务员之间的关系。① 这种管理权的单向性决定了行贿人在很多情况下,面对特定的行政管理事项,别无选择只能行贿。当对某一特定的行政机关行贿无门时,只能寄希望于向其他具有横向制约关系的单位及其工作人员寻找突破口,从而间接达成贿赂协议。可见,正是公务员对国家权力的垄断性决定了其职务上的便利条件更容易变成现实。

但商业贿赂犯罪中行贿人与受贿人之间是平等的民事主体关系,他们都是市场交易中的企业主或其代理人,法律地位是平等的。虽然受贿人能够选择与任何一个经营者进行商业交易,或者说商事交易的决定权更多地存在于受贿人一方。但行贿人也并非处于完

---

① 赵波:"论商业贿赂犯罪中行贿人与受贿人刑事责任的同一性",载赵秉志主编:《和谐社会的刑事法治》(下卷:商业贿赂犯罪研究),中国人民公安大学出版社2006年版,第1277页。

全被动的地位，他同样拥有一定的交易选择权，在与受贿人无法达成交易的情况下，他还有选择的余地，那就是花费更多的成本与受贿人以外的其他经营者达成交易。这也使得受贿人在市场交易中的优势地位并非像公务贿赂犯罪那样具有绝对性，因而那种通过横向制约关系寻求行贿突破口的可能性就大大减少了。

因此，在商业贿赂犯罪中，受贿人"利用职务上的便利"所形成的对其他人员的制约关系只可能是纵向制约关系，而不可能像公务贿赂犯罪那样存在横向制约关系。这种纵向制约关系主要表现为母公司对子公司、具有控股权的公司对控股公司等所能产生的支配地位、商业决策上的影响等。

二、商业贿赂犯罪受贿行为的形式要件

一般认为，商业受贿行为的具体方式包括主动索取、被动收受和约定贿赂。

1. 索取贿赂，是一种单方面的意思表示，表明自己需要某种利益，并以获得这种利益作为为对方谋取利益的对价。这种表示既可以明示的方式发出，也可以默示的方式发出。

2. 收受贿赂，是行贿者主动给予某种贿赂，受贿者被动地接受他人交付的贿赂。受贿者在收受他人贿赂的同时必须为他人谋取利益，才能构成本罪，至于谋取利益是合法利益还是非法利益，是否实现均不影响犯罪的成立。因为受贿者只要给予行贿者不正当的竞争优势，就已排除其他竞争者的合法权益，侵害了公平的竞争秩序，至于是合法利益还是非法利益，只是量刑情节，不是定罪情节。无论是主动索取还是被动收受贿赂，都是受贿行为的本质特征，是权钱交易的结果。

3. 约定贿赂，是指接收对方提出的给付利益的允诺。这种行为

既可以明示方式而为,也可以默示为之。与“索取贿赂”的单方性不同,约定贿赂需要有对方的协助,即先由对方发出允诺,然后行为人再对该允诺表示接收。

三、商业贿赂犯罪受贿行为的利益要件

商业贿赂犯罪受贿行为的利益要件是指受贿人以不正当的方式优待了行贿人,即为他人谋取利益。涉及如下几个问题:

(一)“为他人谋取利益”的基本内容

“利益”,按其语义解释,就是可以带来的好处。“为他人谋取利益”的常见类型有以下几种:(1)从谋取利益的合理性上,可分为正当利益与不正当利益。所谓正当利益,即行贿人依法应当获得的利益;所谓不正当利益,即行贿人依法不应当获得的利益。(2)从谋取利益的时间上,可分为即期(现实)利益与远期(可期待)利益。所谓即期利益就是行贿人立即获得的利益;所谓远期利益就是行贿人现实未能得到,但过了一段时间后即会得到的利益。(3)从谋利途径上,可分为直接利益和间接利益。所谓直接利益,即行贿人能够直接得到的利益;所谓间接利益,即行贿人虽不能够直接得到但通过转化能得到的利益。(4)从谋利形态上,可分为物质(有形)利益和非物质(无形)利益。所谓物质(有形)利益,是行贿人得到的带有物质载体的利益;所谓非物质(无形)利益,是能满足行贿人的某种精神或者某种待遇上欲望的权利和利益。当然,上述各种利益,有时也可交叉或重叠,但对受贿罪的构成并无影响。①

① 潘全民:“浅析受贿罪中的‘为他人谋取利益’”,载 http://www.chinacourt.org/html/article/200307/10/67529.shtml。访问日期:2009 年 12 月 20 日。

(二)“为他人谋取利益”应否是商业贿赂犯罪的构成要件

在公务贿赂犯罪中,对于“为他人谋取利益”是否是受贿罪的构成要件,学者们存在如下争论:

1. 否定说,认为不应该将“为他人谋取利益”作为受贿罪的客观要件。其理由如下:(1)与受贿罪所侵犯的法益不符。受贿罪侵犯的客体是公务员职务行为的廉洁性,因此,只要受贿人客观上收受了贿赂,无论其是否为他人谋利益,都侵犯了职务行为的廉洁性,应该受到处罚。(2)加大司法实践中办案的难度。当前的贿赂行为已由“一手交钱,一手交货”向长期投资型的钱权交易转变,收受贿赂与为他人谋取利益之间往往有很长的时间、空间距离,受贿罪的成立要求客观方面有“为他人谋取利益”,无疑增加了司法办案的难度。(3)容易放纵罪犯。实践中,很多情形是受贿人收取了贿赂,但还未来得及为他人谋取利益就案发了,如果要求“为他人谋取利益”要件,则这类行为不构成受贿罪,无疑有放纵罪犯之嫌。

2. 肯定说,认为“为他人谋取利益”应属受贿罪的构成要件,确切地说,是收受型受贿罪的构成要件。其理由如下:(1)把“为他人谋取利益”作为收受型受贿罪的构成要件有其历史原因。我国1979年《刑法》第185条并未将“为他人谋取利益”规定为受贿罪的要件,这与当时受贿犯罪并不严重有密切联系。1985年“两高”《关于当前办理经济犯罪案件中具体应用法律的若干问题的解答》(试行)把“为他人谋取利益”作为受贿罪的特征之一,即非法收受他人财物而未为他人谋取利益的,不宜以受贿罪论处;对受贿罪的处罚范围要作适当限制,以体现惩罚少数教育多数的刑事政策思想。1988年全国人大常委会颁布的《关于惩治贪污罪贿赂罪的补充规定》正式将“为他人谋取利益”作为收受型受贿罪的要件。“两高”于1989年11月6日《关于执行〈关于惩治贪污罪贿赂罪的补充规定〉若干问题的解答》对此作了确认。1997年新《刑法》第385条基本上又沿用了这一规定。可见,把“为他人谋取利益”作为收受型受贿罪的构成要件，是司法机关首先提出来的，是司法实践经验的总结，有其现实意义。[①] (2)把“为他人谋取利益”作为受贿罪的构成要件，可以预防受贿犯罪的发生。因为如果把“为他人谋取利益”作为受贿罪的构成要件，就会使那些收受了财物的国家工作人员不敢为行贿人谋取利益，主动行贿的目的就达不到，就等于花钱买教训，今后可能也不会作这种“投资”。[②] 最高人民检察院1999年《关于人民检察院直接受理立案侦查案件中立案标准的规定》(试行)正式明确：索取财物的，不论是否“为他人谋取利益”，均可构成受贿罪；非法收受他人财物的，必须同时具备“为他人谋取利益”的条件，才能构成受贿罪，关于此点，理论界和实务部门都已达成共识。

在商业受贿罪中，不少学者在论证其客观要件时，也都直接采用了这种观点。[③] 笔者认为这并不合适，并主张在商业受贿罪中，不论是在索取型还是被动收受型中，“为他人谋取利益”无疑是该罪的构成要件。理由如下：

(1)商业贿赂犯罪的主要客体所决定的。一般认为，对行为要件的选择必须服从于犯罪客体的保护价值。对于公务贿赂犯罪而言，其侵害的法益首先是公务人员职务的廉洁性，因此，无论是否为他人谋取利益，只要受贿人收受了他人的贿赂，就构成受贿罪。而在商业贿赂犯罪中，受贿人的职务廉洁性并不是其主要客体，公平的市场竞争秩序才是本罪的主要客体。当受贿人只是收受了他人贿赂，还未为他人谋取利益的情况下，很难说公平的市场竞争秩序受到了侵犯。因此，如果受贿人还没有“为他人谋取利益”，很难说

① 孟庆华：《受贿罪研究新动向》，中国方正出版社2005年版，第122页。

② 刘明祥：“规定‘为他人谋取利益’系现实所需”，载《检察日报》2003年7月23日。

③ 邓中文、张万兵：“论商业贿赂的刑法治理”，载《东岳论丛》2007年第6期；赵秉志：“国际社会惩治商业贿赂犯罪的立法经验及借鉴”，载《华东政法学院学报》2007年第1期。

构成商业受贿罪。

(2)商业贿赂犯罪的刑事政策影响。虽然在公务贿赂犯罪中，出于“从严治吏”的刑事政策，要加大对贿赂犯罪的处罚范围和力度，不放纵犯罪，在受贿人只是收受了贿赂，还未“为他人谋取利益”的情况下，也应承认受贿罪的构成。但在商业贿赂犯罪中，考虑到我国传统人情社会的习俗，以及市场经济体制的不完善所导致的商业贿赂行为的普遍性，如果需要追究，几乎大多数的市场主体都是商业贿赂的“原罪”，因此，全面追究商业贿赂行为的刑事责任在当前并不现实。而将“为他人谋取利益”作为本罪的客观构成要件，则可以在一定程度上缩小犯罪圈，集中司法力量对付危害严重的商业贿赂犯罪。

(三)“为他人谋取利益”是客观要件还是主观要件

在公务贿赂犯罪中，学者们对于“为他人谋取利益”是受贿罪的客观要件还是主观要件存在激烈的争论，主要有以下两种观点：

1. 客观说，认为“为他人谋取利益”是受贿罪的客观构成要件，理由如下：(1)从词义上解释，虽然“为”字在汉语中有不同的意义，有时作为介词，后接动词或者介词词组，表达目的，如“为建设社会主义而努力”，行贿罪中的“为谋取不正当利益”，这里的“为”与“为了”同义；有时是作为介词后接名词，表达行为对象，如“为人民服务”，这里的“为”等同于“替”、“给”的意思。“为”究竟是哪一种意思，应结合上下文和语境而定。在“为他人谋取利益”中，显然“为”是“替”或“给”的意思，“为他人谋利益”也就是替他人谋利益，它表达的是一种行为。[①] (2)从司法实践看，也应将“为他人谋取利益“归入客观要件的范畴。如果将“为他人谋取利益”归入主观要件的范畴，就意味着只要受贿人有为他人谋利益的打算，不管其是否付诸行动，都认定为受贿罪，不仅有主观归罪的嫌疑，而且会遇到行为

① 肖中华:《贪污贿赂罪疑难问题解析》，上海人民出版社2006年版，第163页。

人在交代其主观为他人谋利益的动机时经常翻供的情况,使案件性质的认定难以把握,造成查处上的困难。①

2. 主观说,认为“为他人谋取利益”应是受贿罪的主观要件,其理由如下:(1)为他人谋取利益,只是受贿人与行贿人之间权力与贿赂相互交换所达成的默契。就行贿人而言,是对受贿人的一种要求;对受贿人而言,是对行为人的一种承诺。因此,“为他人谋取利益”只是受贿人的一种心理态度,属于主观要件的范畴。② (2)“为他人谋取利益”是受贿人主观上的一种故意内容。在受贿罪中,利用职务之便为他人谋取利益是一个过程,受贿人首先要有为他人谋取利益的主观故意,在这种故意支配下,实施为他人谋利益的行为。因此,作为渎职范畴的受贿罪的主观故意的内容应该是为他人谋利益,也即意图为他人谋取利益。③ (3)将“为他人谋取利益”作为受贿罪的客观要件,不利于同犯罪做斗争。由于受贿罪侵犯的是公务行为的廉洁性,为他人谋取利益是受贿人与行贿人的交换条件,也是钱权交易的体现。将“为他人谋取利益”作为受贿罪的客观要件,就意味着犯罪的成立必须有为他人谋取利益的行为。但如果受贿人利用职务上的便利收取了他人数额较大的财物,虽然主观上有为他人谋利益的打算,但还未来得及付诸行动或者根本不打算付诸行动,则公务行为未被收买,犯罪客体并未受侵犯,对行为人不能以受贿罪处罚,这显然让人难以接受。

前述的客观说可谓传统的客观说,之所以受到批判,是因为该观点狭隘地将“为他人谋取利益”解释为实行行为和目的行为,过于强调这一要件对受贿罪法益侵害的作用。为了避免上述受贿罪中客

---

① 潘全民:“浅析受贿罪中的‘为他人谋取利益’”,载中国法院网,2003 年 7 月 10 日。

② 王作富、陈兴良:“受贿罪若干要件之研讨”,载杨敦先等主编:《廉政建设与刑法功能》,法律出版社 1991 年版,第 136 页。

③ 孟庆华:《受贿罪研究新动向》,中国方正出版社 2006 年版,第 211 页。

观说的理论缺陷，不少学者主张应对受贿罪中“为他人谋取利益”做扩大解释，在以“为他人谋取利益”为要件时，只要行为人承诺为他人谋取利益就够了，即使其最终未为行贿人谋取利益也足以认定其成立受贿罪的既遂。从实践中谋取利益的过程来看，确实包括许诺为他人谋取利益、正在为他人谋取利益、尚未为他人谋取利益（实施）和已经为他人谋取到利益几个过程。2003 年 11 月 13 日最高人民法院下发的《全国法院审理经济犯罪案件工作座谈会纪要》（以下简称《纪要》）指出：“为他人谋取利益包括承诺、实施和实现三个阶段的行为。只要具有其中一个阶段的行为，如国家工作人员收受他人财物时，根据他人提出的具体请托事项，承诺为他人谋取利益的，就具备了为他人谋取利益的要件。明知他人有具体请托事项而收受其财物的，视为承诺为他人谋取利益。”根据该《纪要》的精神，实践中对于受贿罪的既遂未遂的区分，不必考虑行为是否实际为他人谋取了利益，只要行为人承诺为他人谋取利益，就应当认定具备“为他人谋取利益”这一要件，成立受贿罪的既遂。①

笔者认为，在商业受贿罪中，由于其侵犯的主要客体是公平的市场竞争秩序，因此，只有现实地实施了“为他人谋取利益”的行为时，才侵犯了市场竞争秩序，如果仅是收受贿赂的行为，只是侵犯了职务廉洁性，而未侵犯公平的市场竞争秩序，并不构成商业受贿罪。此外，出于“刑法对市场经济有限干预”的刑事政策，为了提高犯罪门槛，也应该将那些还未实施“为他人谋取利益”的行为排除在犯罪圈外，以集中司法力量打击那些危害严重的受贿行为。因此，“为他人谋取利益”应作为商业受贿罪的客观要件。与公务受贿罪不同的是，这里的“为他人谋取利益”不能包括承诺为他人谋取利益，而必须是已着手实施了为他人谋取利益的行为，惟其如此，才能说公平

① 肖中华：《贪污贿赂罪疑难问题解析》，上海人民出版社 2006 年版，第162～166页。

的市场竞争秩序受到了侵犯,从而构成商业受贿罪。因此,商业受贿罪中的“为他人谋取利益”仅限于正在为他人谋取利益和已经为他人谋取到利益两种情况,而不包括承诺为他人谋取利益的情况。

第四章　商业贿赂犯罪的主体

第一节　商业贿赂犯罪的行贿主体

根据我国《反不正当竞争法》的规定，商业贿赂犯罪中的行贿主体是“经营者”。虽然竞争法对“经营者”作了大致的规定，但从执法实践来看，经营者的范围还存在争议。因此，如何理解“经营者”，就直接涉及《反不正当竞争法》的适用范围和责任主体的确定，进而涉及哪些市场主体可以构成商业行贿罪，有必要深入研究。

一、竞争法中“经营者”的争议及界定

《反不正当竞争法》第 2 条第 2 款规定：“本法所称的不正当竞争，是指经营者违反本法规定，损害其他经营者的合法权益，扰乱社会经济

秩序的行为。”而该法第2条第3款规定:“本法所称的经营者,是指从事商品经营或者营利性服务(以下简称商品包括服务)的法人、其他经济组织和个人。”这说明了经营者具有两个特点:一是行为的性质,即经营者所从事的行为是商品经营或营利性服务;二是经营者的类型,包括法人、其他经济组织和个人。据此,《反不正当竞争法》只适用于经营者的行为,而不适用于经营者以外其他单位和个人的行为。

对《反不正当竞争法》第2条第3款规定的“从事商品经营或营利性服务”的含义,理论上一直存在两种不同的理解方式:一是从权利能力角度进行理解,只有具有“从事商品经营或者营利性服务”的权利能力即主体资格的人,才能成为经营者,因此其他没有主体资格的人即使从事了“商品经营或营利性服务”,也不是经营者。由于这种方法是从主体资格角度对经营者进行解释,因此被称为“资格标准”。二是从行为性质角度理解,即只对行为是否具有经营性质进行考虑,而不管行为人是否具有实施此种行为的资格,因此,只要行为人实施了经营行为,行为人就属于经营者。由于这种方法是从行为性质的角度对经营者进行解释,因此被称为“行为标准”。[①] 根据这两种标准会对“经营者”的范围得出不一致的结论,因此,采用何种标准值得研究。

(一)资格标准的界定及其问题产生

目前理论和行政执法中,很多学者从主体资格来界定“经营者”,认为只有具有从事经营(商品经营和营利性服务)的法定资格(权利能力)的人才可以成为经营者。根据这种观点,只有经依法核准登记领取营业执照、具有从事经营活动资格的单位和个人,才能成为经营者。这也意味着只有那些依照法律规定具有经营资格并在具体交易关系中为交易关系的主体(该交易关系所设定的权利义

① 孔祥俊:《反不正当竞争法的适用与完善》,法律出版社1998年版,第64页。

务的享有者和承担者),才可以成为经营者。据此,结合《反不正当竞争法》第2条第3款规定的经营者的范围,经营者的类型应包括:(1)法人,是指企业法人和具有经营资格的事业单位法人和社会团体法人。(2)其他经济组织,是指有经营资格而没有法人资格的经济组织。《反不正当竞争法》第2条第3款规定的其他经济组织只限于经工商登记、领取营业执照而能够从事经营活动的不具有法人资格的经济组织。(3)个人,是指具有经营资格的个人。《反不正当竞争法》第2条第3款规定的个人是作为经营者而被规定的,这里的个人不是普通的自然人,而必须是具有经营资格的自然人,如领取营业执照的个体工商户。[①]

上述"资格标准"是对立法原意的客观解释,在实践中得到了行政执法部门的认可。笔者认为,"资格标准"的实质是"经营的内容+民法主体的外延",缺陷在于:(1)如果坚持彻底的"资格标准",就会将很多实施不正当竞争行为的市场主体排除在《反不正当竞争法》的适用之外,与《反不正当竞争法》的本意不符。因为即使是经营者之外其他市场主体实施的不正当竞争行为,对市场竞争秩序的损害并不亚于经营者的不正当竞争行为,因而有必要将其纳入《反不正当竞争法》的适用范围。(2)采用"法人、其他经济组织和个人"这种列举方式阐释经营者的外延,无法凸显经营者作为经济法主体的特性。"法人、其他经济组织和个人"其实不只是民法主体类型,而是法理学的主体类型,因此,用其来说明"经营者"的类型,并没有什么实际意义。[②] 据此,现在很多学者主张,对经营者的界定,应坚持"行为标准",而不是"资格标准",即不以是否取得经营资格

---

① 孔祥俊:《反不正当竞争法的适用与完善》,法律出版社1998年版,第66~67页。

② 徐孟洲、叶姗:"经营者论:基于经济法规范与原理的分析",载《现代法学》2007年第5期。

来界定经营者，只要实际上在从事或参与经营活动，即可成为《反不正当竞争法》中的“经营者”。[①] 实践中，很多地方性法规也都是通过扩大《反不正当竞争法》适用范围的方式，将经营者以外的组织和个人纳入竞争法的调整范围。如《海南省反不正当竞争条例》第2条规定：“在本省行政区域内从事商品经营和营利性服务的经营者，必须遵守本条例。经营者以外的组织和个人，从事与市场竞争有关的活动，也必须遵守本条例。”但应看到，这些地方性法规实质上仍采用的是“资格标准”，虽然也将经营者以外的组织和个人纳入条例的适用范围，但这不是对经营者所作的扩大解释，而是为了扩大法规的适用范围，将其作为经营者的例外来加以规制。[②] 因此，这种做法并没有从实质上改进“资格标准”的上述缺陷，需要对“经营者”采用其他更为科学的界定标准。

的确，如果严格地依照“资格标准”来确定商业贿赂犯罪中的“经营者”，不利于打击市场交易中的商业贿赂。因为从事市场交易行为的市场主体并不限于依“资格标准”来确定的“经营者”，还包括其他的市场主体。后者实施的商业贿赂行为的社会危害性并不亚于前者，也应该受到法律的制裁。因此，从目前的司法实践需求出发，也应该依新的标准对“经营者”的范围作扩大解释。

（二）行为标准的采用

鉴于上述“资格标准”过于狭窄而无法适应实践的需求，不少学者提倡“行为标准”，即从行为的性质上对经营者进行界定，只要行为人从事了市场交易行为，不论其是否具有法定的经营主体资格，都属于《反不正当竞争法》中的经营者。

1. 行为标准的合理性

不少学者认为，根据经营者的行为性质来界定经营者是合理的，

---

① 种明钊：《竞争法》，法律出版社2005年版，第151页。

② 孔祥俊：《反不正当竞争法的适用与完善》，法律出版社1998年版，第72页。

理由如下：

(1)符合法条的主旨。根据《反不正当竞争法》第 2 条第 3 款的规定，“从事商品经营或者营利性服务”是作为法人、其他经济组织和个人的定语的，或者说，作为经营者的法人、其他经济组织和个人是根据其从事的行为的性质来认定的。

(2)符合《反不正当竞争法》的立法目的。《反不正当竞争法》的立法目的是维护公平的市场竞争秩序，调整的是一切不正当竞争行为，不论行为人是否具有经营资格，只要其在市场中的行为侵害了公平的市场竞争秩序，就应该受到《反不正当竞争法》的规制。尤其是在我国目前市场准入制度不完善、市场主体不规范的情况下，很多市场主体都不具备经营者的资格，但他们的市场行为经常会触犯公平竞争的原则，其社会危害并不亚于具有经营资格的经营者。如果这些市场主体的不正当竞争行为得不到《反不正当竞争法》的规制，显然会放纵犯罪。

(3)符合市场经济所要求的平等原则。市场经济是公平经济，因此不论行为主体是否具有经营资格，只要其行为触犯了公平的市场竞争秩序，就应该受到《反不正当竞争法》的规制。只有这样，才能使相同的行为受到同样的法律评价，符合平等和公平的现代法治原则，也是我国市场经济发展的需求。

这样，根据行为标准来认定经营者，对《反不正当竞争法》规定的“经营者”作扩大解释就有了理论基础：那些经依法核准登记领取营业执照、具有从事经营活动的资格的单位和个人，当然是经营者；那些虽不具有经营资格的市场主体，在其参与市场经济活动时实施了不正当竞争行为的，也应根据行为标准确认为经营者。

2. 以行为标准界定“经营者”的类型

根据行为标准来界定经营者，可以将《反不正当竞争法》上的经

营者分为三个类型:①

(1)具有合法经营资格的经营者,主要是领取了营业执照、具有经营资格的经营者。这是最主要的、基本的经营者。这类经营者的主体资格本来是合法的,但只要其从事了不正当的竞争行为,其行为就违法。

(2)没有营业执照而从事经营活动的无照经营者。此类经营者包括下列情形:一是可以办理营业执照,但从来就没办理营业执照的无照经营者;二是曾经领取过营业执照,但后来没有了营业执照仍从事经营活动的经营者(如营业执照过期或者被吊销的情况);三是依法不准予办理营业执照而从事经营活动的经营者。这类主体由于受自身权利能力的限制,法律不允许其具有经营资格,但其仍从事了经营活动。有学者认为,作为商业贿赂主体的经营者应当是具有合法主体资格的人,未在工商行政管理机关登记注册的人不属于这里的经营者,不能称为商业贿赂的主体。② 显然这种观点是错误的,即使不具备合法主体资格的人,同样可能实施不正当竞争行为,应该受到《反不正当竞争法》的规制。

(3)不是经营(交易)关系(合同关系)中的权利义务的承担者,但实施了妨害竞争行为的人。如代表或代理第一类经营者从事经营活动的人,如企业的代理人。虽然他们不是所代理的实施民事行为的主体,但其在代理或代表活动中为自己利益实施不正当竞争行为的,也当作经营者看待。典型的就是商业贿赂中的交易对方的雇员或代理人等。

可见,以行为标准来确认经营者的范围,确实比以资格标准确认

① 孔祥俊:《反不正当竞争法的适用与完善》,法律出版社 1998 年版,第 70~77 页。

② 丛萍、王军、杨明来:“商业贿赂行为的界定”,载医药知识产权保护网,http://www.511511.com,访问日期:2006 年 4 月 30 日。

的经营者的范围要广，这与我国目前市场经济的客观现实相符合，有利于对商业贿赂犯罪中行贿行为的打击，也与国外其他国家的做法具有一致性。如《德国反不正当竞争法》对商业行贿行为的主体资格未作任何限制，因而，理论上任何自然人和法人，甚至不具有法人资格的主体，如合伙、无限责任公司和两合公司，都可以构成本罪。这里的法人既包括私法上的法人，也包括公法上的法人。即使是国家或者其他公共机构，只要它们从事商品交易或经营行为，也可以成为商业行贿行为的主体。当然，绝大多数情况下，商业行贿行为的主体是市场交易中的竞争者，或为竞争者从事具体行为的人。①

二、经营者的范围

根据行为标准，我国《反不正当竞争法》第 2 条第 3 款规定的经营者包括法人、其他经济组织和个人。详细如下：②

（一）法人

根据我国《民法通则》第 36 条第 1 款的规定，法人是具有民事权利能力和民事行为能力，依法独立享有民事权利和承担民事义务的组织。我国的法人包括企业法人、机关法人、事业单位法人和社会团体法人。其中，企业法人是以营利为目的的、独立从事商品生产和经营活动的法人。机关法人是国家机关，包括党的机关、立法机关、行政机关、审判机关和检察机关，这些法人不以营利为目的。

---

① 邵建东：《德国反不正当竞争法研究》，中国人民大学出版社 2001 年版，第 226 页。

② 孔祥俊：《反不正当竞争法的适用与完善》，法律出版社 1998 年版，第 78 ~ 91 页。

事业单位法人和社会团体法人一般不以营利为目的,但按照企业法人登记法规登记后也可以从事营利活动。

因此,企业法人以及经登记可以从事经营活动的事业单位法人和社会团体法人都是基本的、固有的经营者。其他法人从事经营活动时也可以成为经营者。这些主体在从事商业交易的过程中都可能构成商业贿赂犯罪。但机关法人在任何情况下都不可能成为经营者,因而不可能构成商业贿赂犯罪,这也是“商场”区别于“官场”的原因。

(二)其他经济组织

“其他经济组织”是指以营利为目的的介于法人和公民之间的组织,不包括不以营利为目的的其他组织。这些组织可以分为两大类:

1. 企业法人的分支机构

企业法人的分支机构有以下常见形态:(1)分公司。是指公司在其住所以外设立、有经营资格而没有法人资格的分支机构。(2)各商业银行(专业银行)设在各地的分支机构。(3)中国人民保险公司设在各地的分支机构。(4)外商投资企业的分支机构。

2. 企业法人的分支机构以外的“其他经济组织”

这些“其他经济组织”主要是法人之间、个人之间或者法人与个人之间联合组成的“其他组织”,以及其他不属于企业法人分支机构的经济组织。这些组织主要有:(1)依法登记领取营业执照的私营独资企业、合伙企业。(2)依法登记领取营业执照的合伙型联营企业。(3)依法登记领取营业执照的中外合作经营企业、外商独资经营企业。(4)经核准登记领取营业执照的乡镇、街道、村办企业。(5)符合上述非法人组织特征的其他经济组织。

(三)个人

这里的“个人”是指依法取得商事主体资格,独立从事商行为,享受权利并承担义务的个体。根据《反不正当竞争法》第2条的规定,个人可以分为三类:第一类是具有经营资格的个人,即个体工商户和农村承包经营户;第二类是无经营资格而非法从事经营活动的人;第三类是作为其他经营者的代表人和代理人而参与经营活动的人,如法人或者非法人组织的代表人或者代理人。

从目前的立法来看,对"经营者"采用行为标准能使其涵盖更多的市场主体,这与市场经济的发展趋势是吻合的。自由市场经济的核心价值理念是自由、平等,反对任何制度歧视,应给予所有市场主体相同的市场准入机会;市场经济的开放性特征也要求市场竞争机制具有最大包容性,赋予市场主体参加社会经济活动广泛而平等的权利,至少做到机会均等,从而成为社会经济发展的持久动力。在判断商业贿赂犯罪中作为行贿主体的"经营者"时,应该坚持行为标准。这样也可以避免当前执法中,司法人员因对"经营者"的理解不同而对商业贿赂的认定产生争议。

第二节 商业贿赂犯罪的受贿主体

一、商业贿赂犯罪中受贿主体的争议

商业受贿罪犯罪主体的争议是与商业贿赂犯罪概念的争议紧密相连的,主要有如下几种观点:

1. 持广义商业贿赂犯罪概念的学者认为商业贿赂犯罪概指我国《刑法》中所有的贿赂犯罪,即我国现行《刑法》第 163 条和第 164 条之规定和第 385 条至第 393 条之规定,因此主张商业受贿罪主体应包括我国《刑法》规定的所有贿赂犯罪的受贿主体,主要是《刑法》第 163 条规定的非国家工作人员和《刑法》第 385 条规定的国家工

作人员。①

2. 持狭义商业贿赂犯罪概念的人认为商业受贿罪就是原《刑法》第163条规定的公司、企业人员受贿罪,因此主张商业受贿罪的主体就是原《刑法》第163条所规定的公司、企业工作人员。② 在《刑法修正案(六)》出台后,学者们普遍认为商业受贿罪的主体是"公司、企业或者其他单位的工作人员"。

3. 认为应根据所利用权力的不同性质将商业贿赂犯罪与公务贿赂犯罪并列的学者认为,商业受贿罪的主体应是利用社会权力从事商业交易的市场主体,既包括非国有公司、企业的工作人员,也包括部分国有公司、企业的工作人员。③

笔者认为,商业受贿罪犯罪主体的范围与商业贿赂犯罪概念的界定是一脉相承的。笔者赞成前述争议中第三种意义上的商业贿赂犯罪概念,因此也赞成第三种意义上的商业受贿罪主体,即凡是从事商业交易并对商事交易具有决定权的人,都可以成为商业受贿罪的主体,既包括非国家工作人员,也包括部分国家工作人员。

需要指出的是,在我国当前政治经济体制下,市场准入制度的不完善使得准确界定商事交易主体相当困难,由于我国规制商事主体的法律主要是商法,对这方面的研究主要是从商法的角度进行的。另外,在不断推进对国有公司、企业实行公司制改革的背景下,我们必须承认越来越多的国有公司、企业事实上也是作为平等的民事主体从事商业交易的,因此这部分国有公司、企业人员事实上也能成为商业受贿罪的犯罪主体。类似地,国际商会在《打击国际商业交易中的勒索和贿赂的行为准则》中,将商业受贿罪中的受贿主体规

① 童德华:"完善反商业贿赂犯罪立法之思考",载《山东警察学院学报》2006年第3期;王振川:"关于治理商业贿赂的若干问题",载《中国法学》2006年第4期。

② 张翔飞:"商业受贿罪研究",载《现代法学》1997年第6期。

③ 刘远:"商业贿赂犯罪的概念与立法",载《华东政法学院学报》2006年第5期。

定为“企业”，是指任何从事商业的个人或实体，无论其是否以营利为目的，包括由国家或地方政府控制的任何实体，它还包括上述范围内的母公司或分支机构。①

二、商业受贿罪的主体概说——商人和商事辅助人

商业受贿罪的主体是对商事交易具有决定权的单位和个人。从商法的角度讲，在市场经济中从事商业交易的市场主体主要是商人和商事辅助人，他们都对所从事的商业交易具有决定权，因而都可能成为商业受贿罪的主体。

(一)商人的概述

从商法的角度讲，商人是指从事商业经营或为商事法律行为的主体。其中，“商”是他的职业属性，“人”是指从事商事活动的权利主体，它不单是生物意义上的自然人，还包括合伙企业和商法人。一个完整的商人概念，应该具备以下基本特征：(1)行为和经营活动要件。商人必须从事一定的经营活动，这是商人的“行为”特征。(2)职业要件。商人必须以从事商业交易为其职业，即将商业交易作为经常实施的、赖以谋生的活动，偶尔为一次买卖行为的不是商人。(3)组织要件。商人在从事商业活动时，必须借助一定的组织形式，如公司、独资、合伙、合作或股份合作、联营等。(4)经营方式要件。商人通常以营业的方式进行活动，这里的营业具有营利性、连续性、同一性、公开性和正当性特征。(5)注册要件。商人必须向

① 何家弘审校，最高人民检察院职务犯罪预防厅编译：《国际预防腐败犯罪法律文件选编》，法律出版社2002年版，第511页。

政府主管部门办理注册登记,才能获得法律的认可。① 与具有完善的市场机制的发达国家相比,在我国,除了对商事主体的具体形态予以规范以外,明确商事主体的上述基本要件,对于培育与规范公平竞争的市场运行环境具有更加突出的意义。这样可以避免商事主体的资质出现有损市场信用和交易安全的瑕疵,从而在最初的市场准入方面,设置安全屏障。②

综上,商人是以一定的组织形式从事营业活动,拥有独立财产、经注册登记、以自己的名义实施商业交易并以其为职业的组织或个人。只有具备以上要件,才能成为商人。现代市场经济国家一般都是依组织形式或承担责任的形式将商人划分为商自然人、商法人和商合伙。其中,商自然人是指依照法定程序取得了特定的商事能力,独立从事营业性商行为,依法承担商法上的权利和义务的个人。这类商人主要是指个体工商户;农、林、牧、渔的贩运户;各种个体手工业者;个体修理业者,以及独资和私人营业主。商法人是指依法成立,能独立享有权利能力和行为能力,并从事商事经营活动的各种商事企业公司,它是集体商人。商业合伙是指在中国境内设立的由各合伙人订立合伙协议,共同出资、合伙经营、共享效益、共担风险,并对合伙企业的债务承担无限连带责任的营利性组织。③

但并非具备上述条件的组织或个人就必然能成为商事主体。虽然随着市场经济的发展,经商自由程度也越来越高,但各国还是对特定的商事行为和特定的人作出了严格限制。这样就可以防止那些不宜加入市场主体中来的组织和个人成为商事主体,利用手中的

---

① 周林彬、任先行:《比较商法导论》,北京大学出版社 2000 年版,第 213 ~ 217 页。

② 范健、王建文:《商法的价值、源流及本体》,中国人民大学出版社 2004 年版,第 195 ~ 200 页。

③ 周林彬、任先行:《比较商法导论》,北京大学出版社 2000 年版,第 223 - 228 页。

特权获取其他商事主体所不能获得的不正当利益，从而破坏公平的市场竞争秩序。这种限制主要表现在以下几个方面：(1)因职务而产生的限制，这主要是针对公务员的。虽然各国的社会制度不同，但在禁止公务员从事营利性的经营活动上却是共同的。这主要是基于国家分权说、公职人员尽职说和政府机关应该坚持清正廉明和不与民争利等理论和原则。因为商事活动是一种以营利为目的的活动，如果允许公务员经商办企业，那么他们就会利用手中的职权去谋取私利，与民争利，这样就会导致政府职能难以发挥应有的作用，得不到公民的信赖。我国的《法官法》、《检察官法》、《人民警察法》、《国家公务员管理条例》和《预备役军官法》等法律法规中规定了法官、检察官、人民警察、国家公务员和现役军人等不能从事商事活动。因此，这部分人员不可能成为商业受贿罪的主体。(2)因营业性质的限制，主要由于实施公共政策的需要而受到的限制，如对邮电、铁路、航空、保险、城市公用水电等公用事业，国家以特别法规定只允许政府特定部门经营。[①] 因此，对于这些垄断部门的国有公司、企业而言，虽然从事的也是经营活动，而且其手握的市场资源最容易导致受贿行为发生，但其主要是执行政府公共政策的需要，因而本质上仍然执行的是“公务”，对其中的国家工作人员在市场经济活动中的受贿行为，应认定为受贿罪，而不是商业受贿罪。

（二）商事辅助人的概述

由于商事交易活动是一种复杂的社会活动，而且随着经济发展，商业交易规模的扩大，商务活动的进行不可能由营业主一人独自完成，他需要聘请和雇佣他人来辅助自己完成商业交易。这就是我们所说的商事辅助人（商业辅助人）。所谓商事辅助人，是指通过契约方式与商人联结在一起并通过一定的方式帮助商人从事商事经营

---

① 周林彬、任先行：《比较商法导论》，北京大学出版社2000年版，第220～222页。

活动的人。因此,这些人在商事活动中也可能被商人赋予一定的代理权,能够对一定的商事交易具有决定权,成为竞争关系的辅助人,因而也可能成为商业受贿罪的主体。

对商事辅助人的种类,不同国家有不同的规定。在我国,由于没有独立的商法典,因此,对于商事辅助人的范围,法律并没有提供明确的答案。我国学者张民安认为,可以采用当代法国流行的理论,将商事辅助人分为如下种类:①

1. 附属性的商事辅助人,如商人的雇员、商人的经理、公司的高级官员。这种类型的商事辅助人在为其他商人的利益行为时往往同其他商人签订雇佣契约,他们行使代表自己雇主行为的权力,就会被看作商事辅助人。

2. 受任性或受托性商事辅助人,诸如股份公司和有限责任公司的董事、执行董事。这些人往往同所在的公司签订委任或者委托契约,代表公司从事商事经营活动,他们在执行公司的事务时,不是以自己的名义而是以公司的名义,其行为的后果由公司承担。

3. 代理性商事辅助人,包括商事代理人和代办人。无论是什么类型的代理性商事辅助人,他们在代表商人从事活动时,都会同商人签订契约,此种契约不是雇佣契约而是委托契约,他们在代表商人从事经营活动时不是以自己的名义而是以被代理人的名义行为,此时代理性商事辅助人不是商人。

4. 独立性商事辅助人,诸如商事居间人、商事经纪人。这些人根据普通企业的规定为其他商人提供商事经营活动以便获得自己的经济利益,此时他们是以自己的名义独立行为,本身具有商人资格,本质上应属前述商人的范畴,因此,在文中不加论述。

商业受贿罪主体是商事交易的相对人或者是交易相对人之外对交易项目的成交具有决定性影响的其他组织或个人。首先,交易相

① 张民安:《商法总则制度研究》,法律出版社2007年版,第124~142页。

对人是指与经营者直接进行交易的对方当事人,如买卖合同的买方和卖方、工程承包合同的发包方和承包方。如前述三种商事辅助人,他们都和委托人之间具有雇佣关系或委托关系,能受委托人直接或间接控制。商业贿赂通常发生在这种通过代理人从事商事交易的场合。[①] 这些商事辅助人在委托人的委托下,享有一定的代理权,能够对与委托人营业有关的商业交易作出决定,这种代理权也就是商事交易决定权,因而能够成为商业受贿罪的主体。其实这类商事辅助人相当于前述第一章经营者范围中经营者的代表人、代理人。[②] 其次,交易人之外对特定项目的成交具有决定性影响的单位或个人,指独立于交易双方并与交易项目并无利害关系的第三人,包括:(1)与交易双方没有任何关系的单位或个人,如前述的独立性的商事辅助人,他们并不是交易的当事人,但他们能通过自己向交易相对人所提供的服务对交易相对人的商业决定起到一定的影响,因而可能成为商业行贿的对象。(2)与交易一方或双方有某种经济联系的单位或个人,这些主体对交易方具有纵向的制约关系,如控股公司、子公司的母公司及其工作人员。[③]

与此相类似,《德国反不正当竞争法》将商业受贿罪的主体确定为"商业企业的职员或受托人",其中,"职员"是指任何一个根据合同关系同某个商业企业发生雇佣关系并在业务活动中接受指示约束的自然人。合同关系可以是雇佣合同、承揽合同或委托合同关系。"受托人"包括任何"依其在企业中的地位,有权利和有义务为企业从事商业行为,对企业范围之决策具有影响能力的人",包括:

---

① Franklin A. Gevurtz, Commercial Bribery and the Sherman Act: the Case for Per se Illegality, *University of Miami Law Review*, November, 1987.

② 其中,代表人是指公司、企业的法定代表人或代表公司、企业从事某项业务的职工或雇员,如产品销售代表、原材料采购员;而代理人是指商法人、商自然人授权可以代表自己与他人进行商业交易的其他人。

③ 种明钊:《竞争法学》,高等教育出版社 2002 年版,第 145 ~ 146 页。

股份公司的董事会成员及商业领导、合作社的监事会成员、消费协会的执行主席、社团的设立人、美国占领军的德籍服务人员、代理商等。①

（三）小结

从前述商业受贿主体有关商人和商事辅助人的界定来看，其范围和商业行贿罪主体"经营者"的范围是一致的，只是切入的角度，即部门法不同而已：对商业受贿主体的研究是从商法角度进行的；而对商业行贿主体的研究是从竞争法角度展开的。也有学者认为，商业贿赂犯罪中的行贿主体和受贿主体其实都是"经营者"，范围相当广泛。② 但是从商业贿赂行为整体来看，商业行贿行为与商业受贿行为这两个对向性的行为在商业贿赂行为中所起的作用并不对等。通常情况下商业受贿主体对交易具有决定权，因而处于优势地位，或者说商业行贿主体与商业受贿主体是法律上的平等，而事实上的不平等。从现实来看，商业受贿主体对商事交易的决定权主要是来自于其对市场资源控制和占有所取得的市场优势。市场资源的有限性决定了政府必须对市场资源拥有者的市场主体进行严格的限制和认定，以防止市场资源落入非法主体手中出现有损市场信用和交易安全的不正当竞争行为。③ 因此，在市场准入方面，商业受贿主体的市场准入制度应该比商业行贿主体的市场准入制度更为严格。从商业贿赂行为的法律规制来看，竞争者之间的竞争关系换个角度来看，其实就是交易关系的竞争。竞争法主要是惩治商业行贿行为而忽视商业受贿行为，因而也只注重对商业行贿主体"经营者"的研究，而对作为交易"对方单位或个人"的商业受贿主体却缺

---

① 邵建东：《德国反不正当竞争法研究》，中国人民大学出版社 2001 年版，第 228～229 页。

② 王昌学：《市场经济犯罪纵横论》，法律出版社 2001 年版，第 579 页。

③ 范健、王建文：《商法的价值、源流及本体》，中国人民大学出版社 2004 年版，第 195～200 页。

乏关注。商法关注的是商事交易安全,必然注重对商事主体资格的研究,尤其是对拥有商事交易决定权的主体资格的研究。因此,从商法的角度来对商事受贿主体进行研究,更为合适。

三、商业受贿罪中国家工作人员的范围

在经济犯罪与贪污贿赂犯罪中,国有公司、企业的正确界定与犯罪主体的定罪身份存在必然联系,公司是否具有国有性质,在很大程度上会影响到犯罪主体的定罪量刑。尤其是在公务贿赂犯罪与商业贿赂犯罪案件中,公司、企业是否具有国有性质,是区分二者的关键,因此,有必要加以专门研究。

(一)国有公司、企业的争议和界定

对于如何确定公司的国有和非国有性质,在刑法理论界存在多种观点,较为流行的是根据国有经济成分在公司资本中所占比例的大小加以确定,由此形成了“参股权说”、“控股权说”和“单一股权说”:①

1. “参股权说”将国有公司界定为在公司股份构成中含有国有经济成分的公司,对国有成分所占比例的高低没有限制。

2. “控股权说”将国有公司限定为国有经济成分在公司股份构成中占控股地位的公司,根据股份占有情况又可分为绝对控股——国家所持股份比例达到51%以上和相对控股——国家所持股份比例低于51%高于35%。

3. “单一股权说”将国有公司严格限制为纯国有经济成分的公司,即国有全资公司。

---

① 魏昌东、徐欢:“国有公司刑事司法认定的标准”,载《人民检察》2005年第2期。

从目前的研究趋势来看,持第三种观点的学者占多数,即国有公司、企业,是其财产完全属于国家所有的公司、企业,国有资产控股(不论是绝对控股,还是相对控股)、参股的公司、企业不是国有公司、企业。主要理由是:

(1)从相关的法律法规的规定来看,国有公司应是国有全资公司,而不包括国有控股、参股公司。如《中华人民共和国宪法》第7条规定:“国有经济,即社会主义全民所有制经济……”可见,国有财产属全民所有,而只有部分国有资产的股份有限公司或有限责任公司的财产所有权的最终归属,则分别属于不同的投资主体,因而,不能认定为国有公司、企业。此外,2001年5月22日最高人民法院审判委员会在对重庆市高级人民法院请示的批复中肯定:“在国有资本控股、参股的股份有限公司从事管理工作的人员,除受国家机关、国有公司、企业、事业单位委派从事公务的以外,不属于国家工作人员。”此“批复”虽不是对国有公司的直接解释,但说明只有国有全资公司的管理工作人员,才属国家工作人员,从而排除了国有控股、参股公司属于国有公司的可能。①

(2)从我国目前公司制改革的国情来看,我国目前对国有企业实行公司制改革的目标,是为了使大量的国有企业改组为公司制企业,成为独立的市场主体,以适应市场经济的发展。改制后的国有企业,除了国有独资公司外,还可能出现国有参股或控股公司。如果将这些公司不加区分地全部视为“国有”企业,赋予他们不同于其他非国有公司的特殊法律地位,就意味着这些企业的市场活动仍由国有企业法调整,这就混淆了国有企业法与公司法的调整对象,从而极大地限制了公司法的调整范围和作用,并且不利于形成符合公平竞争规则的平等市场主体,最终导致对国有企业的公司制改制失

---

① 徐逸仁:“也谈国有公司、企业的范围——浅议若干犯罪主体存在的问题”,载《上海大学学报》(社会科学版)2007年第2期。

去意义。① 可见,采用“参股权说”或者“控股权说”并不可取。

(3)从有效发挥现代公司的职能来看,市场经济建设的经验表明,建立现代企业制度,摆脱以“国有”的名义对公司管理方面的行政干预,有利于公司充分发挥其经济职能,从而推动市场经济的发展。正如有学者所说,现代公司制度是对公司进行科学民主管理的有效形式,它必然会带来如下变化:一是所有权与管理权分离,客观上形成一个独立的管理阶层,使公司的管理更加科学民主;二是公司权力机构的多元化,即公司的决策权、管理权和监督权分属不同的机构。这种权力分工和制约机制有助于公司的科学民主管理;三是公司的董事、监事、经理采取选任制和聘任制,这就有利于吸取优秀的人才参与到企业的管理中来,采取有力的责任制度,从而为公司形成有效的管理。可见,将国有参股、控股公司定性为非国有公司,减少国家的行政干预,更有利于发挥公司的经济职能,从而推动市场经济的发展。②

因此,我们认为,所谓国有公司,根据《公司法》的规定,是指公司财产完全属于国家所有的公司,包括由国家授权投资的机构或者国家授权的部门单独投资设立的国有独资的有限责任公司;由 2 个以上 50 个以下国有投资主体共同出资设立的有限责任公司;以及国有企业作为发起人单独发起设立的股份有限公司。至于那些国有公司、企业与非国有单位共同出资组建的股份有限公司、有限责任公司,则不管国有资产占多少比例、持有多少股份,都不能视为国有

---

① 刘大洪:“论市场经济条件下中国国有企业及国有企业法”,载《法律科学》1997 年第 3 期。

② 贾宇、舒洪水:“论刑法中‘国有公司’及‘受委派从事公务的人员’之认定”,载《法学评论》2002 年第 3 期。

公司、企业。[1] 而司法实践中,将国家控股或参股的公司认定为国有公司,将其中从事经营、管理等事务的人员都归入国家工作人员的范畴的做法对贪污罪来说是必要的,但对受贿罪来说却并不合适。因为贪污罪关注的是公共财产的丧失,将国有控股参股的公司认定为国有公司,将其中经营管理人员纳入到贪污罪的主体范围,有利于扩大处罚范围,更好地保护国有资产。但受贿罪关注的是公共权力的滥用,将国有控股参股公司认定为国有公司从而扩大国家工作人员范围的做法实际上偏离了受贿罪从严治吏的立法宗旨,并不可取。

(二)市场经济条件下国有公司、企业的应然性质

国有公司、企业的应然性质与政府在经济领域的公共职能紧密相连。在我国当前以市场经济体制为目标的情况下,政府在经济领域的公共职能涉及政府与市场的关系问题。由于我国市场经济发展先天不足,在市场经济体制的发展完善过程中,更需要政府发挥引导维护作用。这种作用通常表现为界定和保护产权、执行契约、执行法律、维护竞争、部分地规制市场、当好裁判等,[2]还表现在为社会提供市场不能有效提供的产品或服务以及基于公共利益必须由政府来提供的产品或服务。十五届四中全会提出国有经济要控制的行业亦可以理解为市场不能有效提供产品或服务的行业与基于公共利益必须由政府来提供产品或服务的行业两大类,它包括:涉及国家安全的行业、自然垄断的行业、提供重要公共产品和服务的行业,以及支柱产业和高新技术产业中的骨干产业。它们或者是政府不投资就没有人愿意投资的行业,因为这种行业所带来的商业利

---

① 魏昌东、徐欢:"国有公司刑事司法认定的标准",载《人民检察》2005 年第 1 期(下);贾宇、舒洪水:"论刑法中'国有公司'及'受委派从事公务的人员'之认定",载《法学评论》2002 年第 3 期。

② 钱颖一:"市场与法治",载《经济社会制度比较》2000 年第 3 期。

润并不可观;或者是虽然有巨大的商业利润,但暂不适宜由私人进行投资的行业。这种情况下,就有必要对这些行业以国有公司、企业的形式进行经营,从而确保政府在经济领域的公共职能的实现。①

在这种背景下,可以认为,我国市场经济条件下的国有公司、企业具有双重性:其一,它是一种经营性组织。不论何种行为、何种领域的国有公司、企业,总是以一定的物力、人力来从事经济活动,努力实现自身增值,这是它作为市场主体的必然要求。其二,它是一种行政管理性组织。国有公司、企业是国家为实现对特殊行为和特殊经济领域的行政管制而设立的,因而是管理经济活动的政府行政部门的一部分,是具有行政部门职能的企业。在国有公司、企业的这两种性质中,企业的经营性要求相应的独立性,成为真正的市场主体,以追求市场利润的最大化;而其行政管理性又要求其隶属于或服从于国家的控制。国家正是通过国有公司、企业的这种双重性,来实现对国民经济的灵活调控制。②

(三)目前我国国有公司、企业的实然领域

从目前我国国有公司、企业所存在的领域来看,它既包括处于垄断领域的生产特殊产品以及从事特殊行业的国有公司、企业,也包括生产一般产品,也处于竞争性领域的国有公司、企业,这两类国有公司、企业在法律性质上是不同的。

其中,处于垄断领域生产特殊产品以及从事特殊行业的国有公司、企业是以实现政府的公共职能为目的的,政府设立这类国有公司、企业的目的并不是为了营利,而是为了向社会提供市场不能有效提供的产品、服务,或者基于公共利益不适宜由市场来提供的产

① 徐念沙:《国有独资公司治理结构的法律分析》,中国政法大学2003年博士学位论文,第6、11页。

② 刘大洪:"论市场经济条件下中国国有企业及国有企业法",载《法律科学》1997年第3期。

品、服务。这类国有公司、企业是为了实现政府支持和增进市场的管理职能,以及维护社会公共利益的行政职能,因此,在性质上应属于公法人。这些国有企业的特殊性在于它的国家授权、国有专属、国家垄断特点,国家控制了这些企业就等于掌握了国家宏观经济的发展趋势。因此,对于它们只能实行完全的国家所有权。①

而从现实的层面来看,现在的绝大多数处于竞争领域的国有公司、企业都已不再或不应肩负任何政府的公共职能,因为改制的目的就是为了实现政府公共职能与所有者职能的分离。虽然从竞争性的国有公司、企业的内部关系看,其所有者是国家,但从其对外进行交易所形成的外部关系来看,它是以私法人的身份进入市场、参与私法关系。这类国有公司、企业应定性为私法人更合适,这是因为:(1)国有企业建立现代企业制度的目的就是要把国有企业改造成真正的市场主体,政府虽然是竞争领域的国有公司、企业的出资人,但它与作为出资人的其他民事主体并没有任何不同;(2)竞争领域的国有公司、企业与其他公司、企业一样都是以营利为目的而不是以实现政府公共职能为目的,具有明显的商事主体的特点;(3)竞争领域的国有公司、企业虽然也必须执行作为股东的政府的意志,但它执行的是政府的私人意志(所有者的意志),而不是政府的公共意志(管理者的意志)。② 可见,这类竞争性的国有公司、企业的市场经营行为,是基于国有财产经营管理权而派生的私权行为,而不是在从事以公权力为基础的管理国家公共事务的公务行为。

(四)国有公司、企业中工作人员性质的认定

国有企业私营化,是现代大多数国家正在进行的一种资本增值

① 徐念沙:《国有独资公司治理结构的法律分析》,中国政法大学2003年博士学位论文,第6~7页。

② 徐念沙:《国有独资公司治理结构的法律分析》,中国政法大学2003年博士学位论文,第12页。

方式，也是市场经济发展过程中，市场主体平等竞争原则的必然要求。这种国有企业经营方式的私营化，也是我们不得不承认的一个经济现实。在国有企业私营化的过程中，出现了大量的国有公司、企业工作人员利用职务上的便利为自己牟取私利的情况，我国大多数学者将这类犯罪称为国家工作人员的职务犯罪。但笔者认为，从国有公司、企业工作人员所处的不同领域来看，对其利用职务便利的犯罪行为，也应加以区分。

一般认为，那些垄断性的国有独资企业、国有公用企业属于真正从事"公务"、行使公共权力的企业。根据《全民所有制工业企业法》和《公司法》的相关规定，在国有公司、企业中能代表国家对国有财产进行组织、领导、管理、监督等经营活动的人员只能是公司的董事会成员、监事会成员及公司、企业中以法定代表人厂长、经理为首的经营决策班子成员。从这些成员的人事任命来看，这些人员主要是由国家授权的投资机构或者国家授权的投资部门、政府主管部门委派、任命产生，具有代表国家行使经营、管理职权的资格；从这些人员的职能来看，这些人代表国家行使组织、管理等经营活动的职权，并就此行为所产生的后果直接向国家授权的投资机构或国家授权的投资部门及政府主管部门负责，因而符合"从事公务"的条件，具有我国《刑法》第 93 条规定的"准国家工作人员"的身份。[1] 因此，这类垄断性的国有公司、企业的决策班子成员，其代表国家对公司、企业进行经营管理的行为，可以看作是其履行对国有财产行政职能的延伸，应认定为公务行为，其中受贿的应认定为受贿罪。

而竞争性的国有公司、企业则一般不从事"公务"，行使的是社会权力，提供的是营利性的社会服务。这些竞争性的国有公司、企业，其管理体制实行"国家统一所有，政府分级监督，企业自主经营"

---

① 贾宇、舒洪水："论刑法中'国有公司'及'受委派从事公务的人员'之认定"，载《法学评论》2002 年第 3 期。

的原则;其法人财产权要经过多次分离才能形成。“首先是国有资产的所有者与国有资产的管理者进行初次分离,这是一种内部的分离。这种分离主要是为了使国有资产有专门的管理者。其次是管理者与经营者的分离。这主要是国有资产的管理者通过授权形式把国有资产投入具体的生产经营企业。同时在这一分离过程中也使投资者投入该企业的财产与投资者的其他财产相区别。这一分离,主要是实行政企分离。至此,这类竞争性的国有公司、企业以私法人的性质在市场交易中存在。最后是财产在企业内部的分离。这主要是国家把财产投入企业,授权企业进行经营管理。作为企业接受这种授权和投资的,主要是董事会或管委会。但董事会或管委会并不直接经营管理财产,而是授权经理部门——特别是各职能部门,甚至各子公司和各分公司去进行经营管理,这样在企业内部又要使法人财产权与经营权再次发生分离。这次分离,主要是为了实现科学性经营管理,具体实现法人财产保值增值,最后形成虚拟资本与职能资本、资本所有权的运动与资本运动相分离。”①这类国有公司、企业在财产所有权、管理权和经营权相分离之后,从事商业交易活动时,只有其中的经营权对商业交易成立与否具有决定作用,因而是商业受贿罪“钱权交易”中的权力,但这种权力已经不再是公务管理权力,而是一种自主决定商事交易的社会权力。这就是国有企业工作人员成为商业受贿罪主体的缘由。

由此可见,垄断性的国有公司、企业与竞争性的国有公司、企业由于自身所体现的社会职能和运作方式的不同,其工作人员受贿时行使权力的性质也不相同,对于前一种国有单位中从事公务的人员受贿的,应以受贿罪论处;对于后一种国有公司、企业中的工作人员,他们并不对国有财产行使公共职能,只是代表公司、企业进行市

① 周林彬、任先行:《比较商法导论》,北京大学出版社2000年版,第226页。

场交易，是一种私权行为，其中受贿的，应认定为商业受贿罪。[①]

四、商业受贿罪中相关争议主体辨析

(一) 单位能否构成商业受贿罪问题

单位能否构成商业受贿罪，目前还存在争议。

持肯定意见的学者认为，我国《反不正当竞争法》在对商业贿赂进行界定时规定了"给予对方单位或者个人财物的"，因此，单位可以构成商业受贿罪的主体。[②]

而在持否定意见的学者中，一部分认为商业受贿罪就是《刑法》第 163 条的规定，而我国《刑法》第 163 条并没有规定单位可以构成受贿犯罪，因而单位也不可能构成商业受贿罪。[③] 另一部分学者则认为，在商业受贿罪中，公司、企业作为市场竞争主体，以获取利润为目的是其生存之道。一般情况下，公司、企业是不会受"贿"的，即便受"贿"，这时的"贿"也已转化为公司、企业的"利"，它与贿赂有着本质的区别，并不会损害公平的市场竞争秩序。[④]

笔者认为，单位可以构成商业受贿罪的主体，理由如下：

1. 根据单位犯罪理论，单位可以成为商业受贿罪的主体。一般认为，单位犯罪是指公司、企业、事业单位、机关、团体，为了牟取单位的不正当利益，经单位集体决定或负责人员决定而实施的危害社会，依法应受刑罚处罚的行为。单位犯罪具有如下特点：(1) 单位犯

---

① 刘远："商业贿赂犯罪的概念与立法"，载《华东政法学院学报》2006 年第 5 期。

② 卢建平、张旭辉："商业贿赂的刑法规制——以私营部门为例"，载《法学杂志》2007 年第 1 期。

③ 唐晋伟："德国商业贿赂的经济法规制及其对我国的启示"，载《南京工业大学学报》(社会科学版) 2007 年第 3 期。

④ 王昌学主编：《市场经济犯罪纵横论》，法律出版社 2001 年版，第 584 页。

罪是公司、企业、事业单位、机关、团体的犯罪，在犯罪行为中体现的是一个行为主体的整体行为；(2)单位犯罪一般是出于为本单位谋取不正当利益的目的；(3)单位犯罪是经单位集体决定或负责人决定，并由有关人员直接实施的犯罪。① 在商业受贿罪中完全可能存在这种情况，即行贿人为了获取竞争优势或交易机会向对方单位行贿，对方单位集体决定或由负责人决定收受行贿人的贿赂，并在竞争中优待行贿人。收受的贿赂其实就是为单位牟取的不正当利益，尤其是在贿赂价值较大的情况下，很多单位都不会放弃对贿赂的收受。需要注意的是，所收受的贿赂必须归单位所有，才构成单位犯罪，如果归单位某个负责人所有，虽然也构成商业受贿罪，但构成商业受贿罪的是个人犯罪而不是单位犯罪。如甲公司为了向乙公司推销商品，向乙公司赠送了一辆小轿车，乙公司单位集体决定收下小轿车，为单位所有，此时就构成单位犯罪。但如果商业受贿罪中有以下两种情况，就不能以单位犯罪论处，而应以自然人犯罪论处：一是个人为进行违法犯罪活动而设立的公司、企业、事业单位实施犯罪的；二是公司、企业、事业单位设立后，以实施犯罪为主要活动的。②

2. 刑法与竞争法之间的协调及刑法条文之间的协调需求。我国《刑法》分则第三章第七节第219条侵犯商业秘密罪以及第八节扰乱市场秩序罪第221条损害商业信誉、商品信誉罪、第222条虚假广告罪、第223条串通投标罪和第226条强迫交易罪等都是我国《反不正当竞争法》规定的不正当竞争行为，并且都存在单位犯罪的情况。因为这些不正当竞争行为都是由经营者所为，而经营者是指从

① 刘艳红主编：《刑法学总论》(第2版)，北京大学出版社2006年版，第107～108页。

② 参见最高人民法院法释1999年6月25日颁布的《关于审理单位犯罪案件具体应用法律有关问题的解释》。

事商品经营或者营利性服务的法人、其他经济组织和个人，可见，单位完全可以构成这些犯罪，在竞争法中承认单位可以构成上述不正当竞争行为的主体已是通说。以此类推，同样作为不正当竞争行为的商业贿赂犯罪也应该可以由单位实施。之所以如此，是因为现实中，单位具有较强的财物人力，其实施不正当竞争行为所涉及的犯罪金额、犯罪复杂性及其所造成的社会危害性比自然人更为严重，对市场秩序的冲击也更为激烈，从维护市场秩序的角度出发，也应该将单位作为该类犯罪的主体加以刑罚处罚。事实上，不少国家的立法都规定了单位可以成为商业受贿罪的主体。如《芬兰刑法典》第30章第13条（法人的刑事责任）规定：关于法人刑事责任的条款适用于……商业贿赂犯罪。[①]

根据我国《刑法》第30条的规定，单位犯罪的主体包括公司、企业、事业单位、机关、团体。此外，1999年6月25日最高人民法院颁布的《关于审理单位犯罪案件具体应用法律有关问题的解释》第1条规定："刑法第三十条规定的公司、企业、事业单位，既包括国有、集体所有的公司、企业、事业单位，也包括依法设立的合资经营、合作经营企业和具有法人资格的独资、私营等公司、企业、事业单位。"就机关而言，是指履行国家的领导、管理职能和保卫国家安全职能的机构，包括立法机关、行政机关、司法机关、军事机关等。[②] 由前述有关商人的界定来看，由于各国都限制公务员或国家机关从事营利性的市场活动，因此，这里的"机关"不能成为商业受贿罪的犯罪主体。至于事业单位和社会团体，在作为平等的民事主体参与市场经济活动时，可能构成商业受贿罪的犯罪主体。

据此，笔者认为，《关于禁止商业贿赂行为的暂行规定》第2条第2款有关商业贿赂受贿人的规定中所指的"对方单位或个人"，并

① 肖怡译：《芬兰刑法典》，北京大学出版社2005年版，第88页。

② 张明楷：《刑法学》（第3版），法律出版社2007年版，第133页。

非仅指直接与行贿人从事商业交易的单位或个人，还包括相关的单位和个人。详细而言，包括下列几种情况：①

1. 与行贿人直接发生商业交易关系并作为交易关系主体的对方单位或对方个人。这里的“对方单位”是指法人或其他经济组织。如甲公司为了向乙公司推销商品，向乙公司赠送了一部小轿车，此时，购销合同的主体是甲公司和乙公司，受贿人是作为合同主体之一的乙公司。这里的“对方个人”是指作为交易主体的个人，而不是对方单位的法定代表人或委托代理人的个人。如甲公司为了向个体医生乙推销商品，向医生乙进行了贿赂，此时个体医生乙既是购销合同的主体同时又是受贿人。

2. 受贿人是对方单位的个人，包括法人的法定代表人、其他经济组织的代表人和法人或其他经济组织的代理人。如甲公司为了向乙公司推销商品，分别向乙公司的经理及经办人各赠送了一部小轿车，此时受贿人不是购销合同的主体，而是合同一方当事人的法定代表人和代理人。

3. 有关单位或个人，主要是指与交易对方具有纵向制约关系的上级单位或个人。如甲公司为了向乙公司推销商品，向乙公司的母公司或其法定代表人赠送了一部小轿车，以促使母公司或其法定代表人向乙公司施加压力，从而达成购销协议。此时，母公司或其法定代表人不是购销合同的主体，但甲公司向其行贿并达成交易的行为，同样是一种损害竞争的不正当竞争行为。

（二）企业主是否是商业受贿罪的主体问题

从原则上讲，在上述商事主体中，对商事交易具有决定权的包括企业主和商事辅助人，这些人都可以成为受贿人。但从目前的讨论来看，商事辅助人如经理、雇员、董事等的受贿行为肯定能构成商业

---

① 孔祥俊：《反不正当竞争法的适用与完善》，法律出版社1998年版，第338～339页。

受贿罪,而对于企业主自身的受贿行为能否构成商业受贿罪,学者们存在不同的看法,各国立法也不一致,因而有必要加以讨论。

持否定说的学者认为,在商事交易由企业主本人直接进行的情况下,因为本人收受贿赂所得到的好处,将被相应的较高或较低的商品或服务价格所抵消,所以本人收受贿赂毫无意义,法律也没有处罚的必要。进而认为对企业主自己的商业受贿行为不能按商业贿赂行为来认定,但并非不处罚,而是适用竞争法的其他规定,如反价格歧视法、禁止滥用优势支配地位等规定。因此商业受贿罪的主体应界定为"与他人形成代理关系并受他人直接或间接控制的代理人"。[①] 也有学者认为,"之所以强调商业受贿主体是企业的雇员或受托人而不是企业主本身,主要是因为立法者认为企业本身完全有权对自己的商业经营作出特别安排,即以接受所谓的'商业贿赂'来给予特定交易对手相对于其他潜在交易对手更加优惠的交易条件,而企业本身的这种行为与其称为商业受贿,不如说是以歧视性的交易条件对待交易对手。"[②]

在立法上否定企业主可以构成商业受贿罪的国家有德国,如《德国反不正当竞争法》在规定商业受贿罪时指出:商业受贿罪的主体是商业企业的职员或受托人,商业企业的业主本身则不能成为受贿主体。[③] 而美国《布莱克法律辞典》对商业贿赂的规定表明,受贿人仅限于交易对方的雇员、中间人或代理人。我国有学者解释道:之所以如此,是因为在私有制国家,私人企业的财产归个人所有,如果向企业行贿而企业也事实上收下贿赂,该贿赂仍属于企业主所

---

① 郑鹏程、刘长云:"论我国反商业贿赂法律制度的缺陷及其完善",载《时代法学》2007年第1期。

② 唐晋伟:"德国商业贿赂的经济法规制及其对我国的启示",载《南京工业大学学报》(社会科学版)2007年第3期。

③ 邵建东:《德国反不正当竞争法研究》,中国人民大学出版社2001年版,第229页。

有,此时对于企业主而言,没什么意义。因此,只有向个人(雇员或代理人)行贿才能达到行贿人的不正当竞争目的。[①]

笔者认为,如果认为商业贿赂犯罪的保护法益是企业主与雇员之间的雇佣关系,尤其是雇员对雇主所负有的职责和忠诚义务,则商业贿赂犯罪是一种背信行为,其危害主要在于破坏了委托人和受托人之间内部的委托信任关系,损害了委托人的财产利益,其效果并不及于委托人和受托人之外的第三人。这种情况下,企业主的商业受贿行为自然不被认为是犯罪,只有雇员的商业受贿行为被认为是犯罪,如《法国劳动法典》第 156－6 条、《荷兰刑法典》第 328 条、《日本商法典》第 493 条。但在我国,如笔者前述,商业贿赂犯罪的主要客体是公平的市场竞争秩序,其次才是职务行为的廉洁性,因此,即使是企业主的受贿行为,也会侵犯公平的市场竞争秩序,因而构成商业受贿罪。易言之,企业主也能成为商业受贿罪犯罪主体。

另外需要指出的是,"企业主"这一称谓并不科学,不是我国竞争法或商法中的法定概念。因此,笔者建议否定"企业主"的说法,在商业受贿罪中,要么构成单位犯罪,要么构成自然人犯罪。

① 孔祥俊:《反不正当竞争法的适用与完善》,法律出版社 1998 年版,第 339 页。

第五章 商业贿赂犯罪的主观方面

在刑法理论中,犯罪主观要件是指犯罪主体对自己的危害行为及其危害社会的结果所持的心理态度,主要包括罪过(犯罪的故意或过失)以及犯罪目的和动机这几个因素。由于贿赂犯罪的本质是"钱权交易",因此,不可能由过失构成,只能由故意构成。根据我国《刑法》第14条的规定,故意犯罪可以分为直接故意和间接故意,那么商业贿赂犯罪中的行贿行为与受贿行为故意的具体内容如何,还有待研究,尤其是商业受贿罪的主观故意,是否和《刑法》第385条所规定的受贿罪的主观故意相同,也值得讨论。下面就商业贿赂犯罪中的商业行贿罪的主观方面和商业受贿罪的主观方面分别进行研究。

第一节 商业行贿罪的主观方面

商业行贿罪的主观方面是指行为人明知自己的行贿行为会损害公平的市场竞争秩序，但为了获取竞争优势或交易机会，而仍然希望这一危害结果发生的心理态度。其犯罪目的在于获取竞争优势或交易机会，犯罪故意表现为直接故意。

一、商业行贿罪的犯罪目的

(一)"为谋取不正当利益"的争议

我国《刑法》有关行贿行为的规定都有"为谋取不正当利益"的表述，因此不少学者在研究商业行贿罪时，也直接引用了这种观点，认为商业行贿罪必须出于故意，且以"谋取不正当利益"为目的。笔者认为，这种观点是不正确的。

1. 法律援用上的错误

对"为谋取不正当利益"如何理解，学者们存在争议。最高人民法院、最高人民检察院在1999年3月4日发布的《关于在办理受贿犯罪大要案的同时要严肃查处严重行贿犯罪分子的通知》(以下简称《通知》)第2条对谋取不正当利益下了明确定义："'谋取不正当利益'是指谋取违反法律、法规、国家政策和国务院各部门规章规定的利益，以及要求国家工作人员或者有关单位提供违反法律、法规、国家政策和国务院各部门规章规定的帮助或者方便条件。"不少学者引用此规定来说明商业贿赂犯罪中的"为谋取不正当利益"。笔者认为，这种做法并不妥当。该《通知》是针对公务贿赂犯罪中的"行贿罪"而言，而公务贿赂犯罪和商业贿赂犯罪是两种性质不同的贿赂犯罪：公务贿赂犯罪是针对国家工作人员侵犯职务廉洁性所作的规定，因而“不正当利益”的性质是与国家公共事务相连，从公共权力的不当行使中推定得出的利益；而商业贿赂犯罪是针对市场主体侵犯公平市场竞争秩序所作的规定，“不正当利益”的性质主要是与商业事务相连，从社会权力的不当行使中推定得出的利益。可见，对商业行贿罪中的“谋取不正当利益”不能援用该《通知》的规定。

2. 商业行贿罪的主观方面应该包括“谋取正当利益”

笔者认为，商业行贿罪的主观目的不仅包括谋取不正当利益，而且应包括谋取正当利益的情形。或者说，将“为谋取不正当利益”作为商业行贿罪的主观方面，限制了商业行贿罪的成立范围，不利于对该类犯罪的打击。理由如下：

(1)不正当利益不等于“非法利益”，或者说不正当利益包括非法利益，但不限于非法利益。许多违反政策规定的利益、违反行业规定的利益、违反公序良俗的利益，都可谓不正当利益，但不一定是非法利益。既然《刑法》使用了“不正当利益”的概念，就不应该进一步将其缩小为“非法利益”。而前述“两高”于1999年3月4日发布的《通知》实际上是将“不正当利益”等同于“非法利益”，这就缩小了不正当利益的范围，也再次证明了引用该《通知》来说明商业贿赂犯罪中“不正当利益”的内容是不合适的。

(2)不正当利益不仅包括目的不正当利益，而且包括手段(程序)不正当利益。也就是说，通过不正当手段谋取正当利益的行为，也属于“为谋取不正当利益”的范畴。因为任何正当利益只能通过正当手段获得，用不正当手段获得时，就丧失了其“正当”的性质。需要指出的是，这里的“不正当手段”，是指除行贿行为以外的不正当手段，而不是将行贿行为本身作为不正当手段，否则“为谋取不正当利益"就没有意义了。①

(3)即使是为谋取正当利益的行为,也可能侵犯公平的市场竞争秩序,因而构成商业行贿罪。如笔者前述,商业贿赂犯罪的客体是公平的市场竞争秩序,即使是为"谋取正当利益"的商业行贿行为,虽然不一定会侵犯其他竞争者的合法权益,但这种机会主义行为必然会侵犯公平的市场竞争秩序,因而构成商业行贿罪。

以上说明,在竞争法中不能将"为谋取不正当利益"作为行贿人的主观要件,否则可能会限制商业行贿罪的成立范围。另外,在市场竞争中,很多情况下存在着"放长线,钓大鱼"的做法,即为了获取交易机会,有些竞争者宁可在一两次竞争中不惜亏本,也要获得交易机会,而在获取交易机会之后再来赢利。对于这种蓄谋的、暂时的、亏本竞争的行为,虽然其没有谋取不正当利益,但其对公平市场竞争秩序的损害却依然存在,和其他谋利的商业行贿犯罪没什么区别,在定罪上应该相同。

(二)"以竞争为目的"的确立

笔者主张,应以"以竞争为目的"取代目前"为谋取不正当利益"为目的,以体现商业行贿罪的竞争法特征和正确限定商业行贿罪的犯罪圈。首先,"为谋取不正当利益"本身就是我国刑法中一个颇具争议的问题。不少学者认为该要件给贿赂犯罪的认定带来困难,应该取消该要件。因为在贿赂行为发生之时,有时很难认定行为人具有"谋取不正当利益"的目的,结果往往导致适用中要么"有罪推定",要么"无罪释放";从国际趋势看,大多数国家,包括《联合国反腐败公约》都没有规定该要件,但这并不妨碍对该类犯罪的认定。其次,"以竞争为目的"更能体现商业贿赂的竞争法特征。我国贿赂犯罪体系中很多行贿行为都是以"谋取不正当利益"为目的,如《刑

① 张明楷:"商业贿赂、回扣及相关条款的法律性质",载《法律适用》2006年第9期。

法》第 389 条有关行贿罪的规定，即是以“谋取不正当利益”为目的。而商业行贿罪具有不同于其他行贿行为的典型特征——发生在“商业交易”中为争夺竞争机会的行贿行为，是竞争法上的一个概念，适用“以竞争为目的”更能反映其竞争法的特征。同时可以将那些貌似具有竞争性质，但实际上并不“以竞争为目的”而具有其他目的的行为排除在外，如科研活动、宗教活动。再次，为了实现竞争法与刑法之间的协调，也有必要以“以竞争为目的”取代“为谋取不正当利益”。我国竞争法对竞争行为的规定都是“以竞争为目的”来界定的，作为竞争法的保护法的刑法也应该在商业行贿罪中规定“以竞争为目的”，实现二者之间的协调一致。最后，“以竞争为目的”可以合理地囊括所有侵犯公平市场竞争秩序的行贿行为，从而正确地限定商业行贿罪的犯罪圈。因为“以竞争为目的”和“以谋取不正当利益为目的”是两个不同层次的种属概念，后者只是前者的一个可能的结果。“以竞争为目的”，导致的结果可能是“谋取正当利益”，也可能是“谋取不正当利益”。而即使是“谋取正当利益”的商业行贿行为，虽然不一定会侵犯其他竞争者的合法权益，但这种机会主义行为必然会侵犯公平的市场竞争秩序，因而构成商业行贿罪。可见，“以谋取不正当利益为目的”的范围过于狭窄，无法合理囊括所有商业行贿罪，理应为“以竞争为目的”所取代。

类似地，《德国反不正当竞争法》也要求行为人在商业交易中从事行贿行为时主观方面必须是出于故意，而且必须“以竞争为目的”，即行为人从事某项行为旨在与其他特定的或不特定的竞争对手争夺市场相对人的交易机会。“以竞争为目的”要求行为人在从事竞争行为时必须具有竞争意图。所谓“竞争意图”是指同某个特定的竞争者争夺市场相对人交易机会的主观动机或目的。适用这一要件，即可将那些客观上看似乎属于竞争行为，但行为人意在追求非竞争目的的行为排除在外，如慈善活动、科学研究活动、宗教活动、新闻媒体发表的意见、政治性观点。①

二、商业行贿罪的犯罪故意

一般认为,犯罪故意是由认识因素和意志因素组成的,认识因素是指行为人明知自己的行为会发生危害社会的结果;意志因素是指行为人希望或放任危害结果的发生。下面就商业行贿罪的犯罪故意内容进行详细论述。

(一)认识因素

犯罪故意中的认识因素是指行为人明知自己的行贿行为会发生损害公平竞争秩序的危害结果。其中的"明知",是故意的认识内容,行为人不仅对其危害行为和危害结果及其因果关系有明确的认识,而且对作为某种犯罪构成要件的事实也有明确的认识。"会"是故意的认识程度,包括认识到行为必然会产生损害竞争的结果和可能会产生损害竞争的结果两种情况。

1. 故意的认识内容

一般地,作为故意的认识内容,"明知"的行为事实应该包括下列因素:(1)行为的内容和社会意义,即行为人对自己行为的认识,并不只是对外部行为的物理性质的认识,而是必须认识到行为的社会意义。在商业行贿罪中,行为人不仅要认识到自己在实施给予他人贿赂物的行贿行为,而且必须认识到自己的行贿行为是一种不正当竞争行为。(2)行为的对象,即行为人对自己行为所指向的对象能够认识。在商业行贿罪中,行为人必须认识到自己行贿的对方是对商事交易具有决定权的人,而不是普通人。(3)行为的结果。犯

① 邵建东:《德国反不正当竞争法研究》,中国人民大学出版社2001年版,第41~43页。

罪故意是行为人建立在对犯罪结果的预见的基础上的，因此，故意的认识内容可以称为对“结果的认识”，即对于自己行为的自然结果有认识。在商业行贿罪中行为人认识到自己的行为会导致不公平的市场竞争，并损害其他竞争人的利益。（4）行为的情状，如对行为特定的手段、时间、地点的认识。虽然它不是每个犯罪都要求认识到的，但在商业行贿罪中，要求行为人必须认识到行为是发生在商业交易中，否则不构成商业贿赂犯罪，而构成其他类型的贿赂犯罪，如公务领域的贿赂犯罪。①

2. 故意的认识程度

故意的认识程度，包括明知自己的行为必然会发生危害社会的结果，也包括明知自己的行为可能发生危害社会的结果。只要具备了其中任何一种情况，便具备了商业行贿罪犯罪故意中认识因素所需的认识程度。需要指出的是，这种明知只是行为人主观上的一种认识，至于这种认识是否与客观实际情况一致，并不影响明知的成立。② 在商业行贿罪中，行为人必须认识到自己的行为必然会损害公平的市场竞争秩序，或可能损害公平的市场竞争秩序。

（二）意志因素

一般认为，犯罪的意志因素是对实现犯罪事实的希望或放任。所谓“希望”，是对犯罪事实的实现具有确定的积极的希望、欲望，它所体现的是行为人通过犯罪行为积极追求某种危害社会的结果的发生；所谓“放任”，是指行为人对于犯罪事实的实现虽无积极的意欲，但也不设法阻止，而是不计后果地任由某种危害结果的发生。

虽然很多犯罪可以由直接故意构成，也可以由间接故意构成，但在商业行贿罪中，由于本罪的主观目的是获取竞争优势或交易机

① 张明楷：《刑法学》（第3版），法律出版社2007年版，第215～216页；刘艳红主编：《刑法学总论》（第2版），北京大学出版社2006年版，第115～116页。

② 马克昌主编：《犯罪通论》，武汉大学出版社2001年版，第332页。

会,这一鲜明的目标决定了行为人的所有行为都是朝着这一目标努力的,即行为人只可能“希望”犯罪结果的发生,而不可能“放任”犯罪结果的发生。也就是说,在商业行贿罪中,行为人的故意的内容只可能是直接故意,而不可能是间接故意。这里的“希望”,是指行为人积极追求竞争优势或交易机会,通过行贿从而获得竞争优势是行为人实施行为直接追求的结局;行为人主观上没有介入其他独立意识,不是为了实现其他意图而实施该行贿行为。因此,可以认为,商业行贿罪中行贿人主观上只有一个意志——追求竞争优势,除此之外,没有其他任何意图。

因此,在商业行贿罪中,根据行为人对危害结果是否发生的认识程度,可将其直接故意分为两种:一是行为人明知自己的行为必然会发生损害竞争秩序的结果,并且希望这种结果发生的心理态度;二是行为人明知自己的行为可能发生损害竞争的结果,并且希望这种结果发生的心理态度。明知结果可能发生,虽然在认识因素上认识程度要轻于明知结果必然发生的情况,但行为人对可能结果的发生所持的是希望的心态,这表明行为人仍积极追求可能结果变成现实,因而也是一种直接故意。

实践中,行贿人的行贿动机有以下两种情况:(1)行贿人所追求的是不正当利益。即行贿人和其他竞争者相比,由于财力人力、经营规模、生产力等客观原因导致其竞争力不及其他竞争者,如果不通过行贿则必然会在竞争中失败,从而失去交易机会。因此,行贿人为了获取不正当的交易机会而行贿,并最终获得了交易机会。此时,行贿人所追求的是不正当的交易机会并对其他竞争者造成了损害,因而可以说其追求的是一种不正当利益。(2)行贿人所追求的利益是合法的,但能否现实地获得这种利益还处于一种不确定的状态下,为了能实际地获得这种利益而采用了行贿手段。此时,行贿人由于财力人力、经营规模等综合竞争力显然强于其他竞争者,在正常的市场规律下应该能在市场竞争中取胜,但出于保险求胜的心态而向交易对方行贿,并最终使自己从竞争中胜出。这样,行贿人所获取的竞争优势本来是其竞争综合实力所决定的,但在程序上是非法的,因而其获得的也是一种非法利益。从总体上来讲,行贿人的这两种行贿行为都侵犯了公平的市场竞争秩序,因而构成商业行贿罪。

第二节　商业受贿罪的主观方面

商业受贿罪的主观内容表现为行为人明知自己利用职务上的便利为他人谋取不正当利益的行为会损害公平的市场竞争秩序,而希望或放任这一危害结果发生的心理态度。

商业贿赂犯罪的客体是公平的市场竞争秩序,在商业行贿和受贿行为中,行贿者主要是为了获取竞争优势和交易机会,其结果必然导致公平的市场竞争秩序受损;而受贿者在很多情况下,只是为了获得经济利益,即贿赂物,对于公平市场竞争秩序的侵犯,则采取的是放任的态度。因此,笔者认为在商业受贿罪中,受贿者的犯罪故意既可以由直接故意构成,也可以由间接故意构成。

一、商业受贿罪的直接故意

商业受贿罪的直接故意也是由认识因素和意志因素组成的:

1. 认识因素

商业受贿罪犯罪故意中的认识因素是指行为人明知自己的受贿行为会发生损害公平竞争秩序的危害结果。其中,“明知”是认识的内容,“会”表示认识的程度。

(1)认识的内容

“明知”的行为事实应该包括下列因素:①行为的内容和社会意

义,即行为人对自己行为的认识,并不只是对外部行为的物理性质的认识,而是必须认识到行为的社会意义。在商业受贿罪中,行为人不仅要认识到自己索取或收受他人的贿赂物这一客观外在的行为,而且必须认识到自己的受贿行为是一种不正当竞争行为。②行为的结果。犯罪故意是行为人建立在对犯罪结果的预见的基础上的,因此,故意的认识内容可以称为对"结果的认识",即对于自己行为的自然结果有认识。在商业受贿罪中,行为人认识到自己的行为会导致不公平的市场竞争、损害其他竞争者的利益等。这种认识,在很大程度上是一种预见性认识,包括预见结果必然发生和可能发生。③对商业贿赂犯罪中"钱权交易"的明知,即明知自己利用职务的行为与所得贿赂物之间存在一定的因果关系和对价性,他人给予财物是期望通过自己的职务行为为其谋取利益。④行为的情状,如对行为特定的手段、时间、地点的认识。与商业行贿罪相同,在商业受贿罪中,行为人必须认识到受贿行为是发生在商业交易中的,否则不构成商业受贿罪,而构成其他类型的贿赂犯罪,如《刑法》第385条规定的受贿罪。①

(2)认识的程度

认识到危害结果会发生,既包括认识到结果必然发生,也包括认识到结果可能发生。故意的认识程度,包括明知自己的行为必然会发生危害社会的结果,也包括明知自己的行为可能发生危害社会的结果。只要具备了其中任何一种情况,便具备了商业受贿罪犯罪故意中认识因素所需的认识程度。需要指出的是,这种明知只是行为人主观上的一种认识,至于这种认识是否与客观实际情况一致,并不影响明知的成立。② 详言之,在商业受贿罪中,行为人必须认识到

---

① 张明楷:《刑法学》(第3版),法律出版社2007年版,第215~216页;刘艳红主编:《刑法学总论》(第2版),北京大学出版社2006年版,第115~116页。

② 马克昌主编:《犯罪通论》,武汉大学出版社2001年版,第332页。

自己的行为必然会损害公平的市场竞争秩序,或可能损害公平的市场竞争秩序。

2. 意志因素

商业受贿罪的直接故意中,意志因素只能是"希望"危害结果的发生,即行为人不仅认识到自己的受贿行为必然或者可能损害公平的市场竞争秩序,而且积极追求该结果的发生。这里包含了两个决意:一是行为人具有收受贿赂的决意;二是行为人具有利用职务上的便利为他人谋取利益的决意。此时,受贿者与行贿者沆瀣一气,通过在竞争中以不恰当的方式优待行贿者,排挤其他竞争者,从而损害公平的市场竞争秩序、其他竞争者的利益等。

二、商业受贿罪的间接故意

我国刑法中的间接故意也是由认识因素和意志因素组成,其中认识因素是指是行为人认识到自己的行为可能发生危害社会结果;意志因素是指行为人放任了危害结果的发生。在商业受贿罪中表现为:

1. 认识因素

指受贿人认识到自己的受贿行为可能会导致不公平的市场竞争,即行为人根据对犯罪情况的了解,认识到受贿行为导致不公平的市场竞争的发生只能具有或然性或可能性。

2. 意志因素

表现为受贿人为追求其他结果的发生,而对损害竞争这一危害结果的发生持放任态度。这里的"放任"可以从三个方面理解:首先,放任是一种不计后果的心理态度,即行为人对危害结果的发生采取的是顺其自然、不加干涉的心理态度;其次,放任是一种无所谓希望或不希望的态度,即行为人对危害结果的发生既不希望也不阻止;最后,放任是附属在行为人希望其他结果发生的行为心态下的一种意志因素。[①] 商业受贿罪中,受贿者索取或收受贿赂是为了满足自己经济上或非经济上的各种需求,可以说他追求的是一种经济上的利益,因而对其行为可能导致的损害公平竞争的结果持放任态度。

① 刘艳红主编:《刑法学总论》(第2版),北京大学出版社2006年版,第118页。

第六章　商业贿赂犯罪的法律责任研究

商业贿赂犯罪侵犯的法益具有多重性，不同部门法保护这些法益的内容和尺度又各不相同，形成了商业贿赂犯罪法律责任的多重性。或者说，正是基于行之有效的法律责任，才使各部门法有关商业贿赂的规定没有形同虚设，得到有效的执行。详细而言，商业贿赂行为首先破坏了公平的市场竞争秩序，违反了反不正当竞争法的规定，需要承担行政处罚的法律后果。同时，商业贿赂行为也侵犯了其他经营者的利益，其他经营者可以请求侵害人承担民事赔偿责任。当商业贿赂行为的社会危害性极其严重，超过了这些法律的处罚范围时，就需要动用刑法来对其进行规制，这也是刑法作为其他部门法的保护法的性质所决定的。事实上，我国《刑法》第 36 条、第 37 条早已明确规定："由于犯罪行为而使被害人遭受经济损失的，对犯罪分子除依法给予刑事处罚外，并应根据情况判处赔偿经济损失。承担民事赔偿责任的犯罪分子，同时被判处罚金，其财产不足以全部支付的，或者被判处没收财产的，应当先承担对被害人的民事赔偿责任。”“对于犯罪情节轻微不需要判处刑罚的，可以免予刑事处罚，但是可以根据案件的不同情况，予以训诫或者责令具结悔过、赔礼道歉、赔偿损失，或者由主管部门予以行政处罚或者行政处分。”因此，司法部门在确定商业贿赂犯罪主体的法律责任时，应该根据案件的具体情况，有针对性地适用刑事制裁、民事制裁和行政制裁，以最大限度地惩治犯罪。①

第一节　商业贿赂行为的行政责任

一、商业贿赂行为行政处罚的规定和立法精神

我国《反不正当竞争法》第22条规定：“经营者采用财物或者其他手段进行贿赂以销售或购买商品，构成犯罪的，依法追究刑事责任；不构成犯罪的，监督检查部门可以根据情节处以1万元以上20万元以下的罚款，有违法所得的，予以没收。”可见，对于商业贿赂行为，首先是应当追究刑事责任，只有不构成犯罪的，才予以行政处罚，行政处罚的方式包括罚款和没收违法所得两种。实践中，罚款一般是针对行贿人，而没收违法所得主要是针对受贿人，即没收其受贿所得财物，至于行贿人因为行贿所获得的不正当经营利益因为无法确定其具体金额，因而很少对行贿人适用没收违法所得，但这并不妨碍我们从理论上对行贿人的没收违法所得进行讨论。②

除此之外，1996年国家工商行政管理总局发布的《关于禁止商

---

① 田宏杰：“商业贿赂的定性及法律适用”，载《法律适用》2006年第9期。

② 种明钊：《竞争法》，法律出版社2005年版，第163～164页。

业贿赂行为的暂行规定》第9条、第10条对商业贿赂行为的行政责任作了细化规定。其中，第9条实际是引证了《反不正当竞争法》第22条的内容，即："经营者违反本规定以行贿手段销售或者购买商品的，由工商行政管理机关依照《反不正当竞争法》第22条的规定，根据情节处以1万元以上20万元以下的罚款，有违法所得的，应当予以没收；构成犯罪的，移交司法机关依法追究刑事责任。有关单位或者个人购买或者销售商品时收受贿赂的，由工商行政管理机关按照前款的规定处罚；构成犯罪的，移交司法机关追究刑事责任。"第10条增加了对商业受贿行为的处罚，即："商业贿赂行为由县级以上工商行政管理机关监督检查。工商行政管理机关在监督检查商业贿赂时，可以对行贿行为和受贿行为一并调查处理。"

根据上述规定，在商业贿赂犯罪中，应先追究行贿者的责任，然后才追究受贿者的责任。这和笔者前述的竞争法禁止商业贿赂首先旨在打击商业行贿，其次才打击商业受贿是一致的。因为行贿者是商业贿赂行为的始作俑者，也是最大受益人，要杜绝商业贿赂行为的发生，就必须严惩行贿者。当然，在处罚行贿者的同时，也不放纵对受贿者的处罚。

二、行政处罚中罚款问题

罚款是商业贿赂行为的行政责任之一。根据《关于禁止商业贿赂行为的暂行规定》，主管部门可以根据商业贿赂的情节处以1万元至20万元的罚款。

事实上，有些商业贿赂行为，如花费不高的礼品、宴席，它给经营者带来的商业利益并不大，在情节上比回扣、附赠要轻微得多，对其处以上述幅度的罚款显然过重，与贿赂情节的社会危害并不相适；相反，有些花费巨大的商业贿赂行为，其情节比回扣要重得多，它能给经营者带来的商业利益非常巨大,对市场秩序的破坏也十分严重,如目前的房地产行业、建筑行业,行贿者的获利往往是其付出成本的几十倍,即使对其处以最高额罚款 20 万元也不足以使其受到应有的处罚。①

因此,笔者认为,应该废除目前这种按固定数额对商业贿赂行为进行罚款的处罚方式,而采用更为灵活的罚款方式。具体说来,根据不同案件的具体情况,综合考虑贿赂金额、贿赂手段、贿赂情节、危害后果等因素,按违法所得或所影响的商业量的百分比来确定罚款数额,使罚款与违法所得或所影响的商业量成正比。如 2004 年 11 月,海南省工商行政管理局制定了《行政处罚量罚标准》,其中对商业贿赂行为,按照购销款大小,从 5 万元到 95 万元分 20 个档次,分别规定了相应的罚款数额。这一做法值得推广,对商业贿赂行为的处罚既灵活,又适当地限制了执法机关的自由裁量权。②

三、行政处罚中没收违法所得问题

没收违法所得也是商业贿赂行为的主要行政责任之一。与其他不正当竞争行为相比,商业贿赂行为的违法所得有其特殊性,下面就受贿人和行贿人的违法所得问题分别进行研究。

(一)受贿人的违法所得问题

受贿人的违法所得主要涉及下列问题:

① 程宝库、欧阳福军:"论我国反商业贿赂立法之缺失与完善",载《政法学刊》2006 年第 3 期。

② 郑鹏程、刘长云:"论我国反商业贿赂法律制度的缺陷及其完善",载《时代法学》2007 年第 1 期。

1. 违法所得的确定

根据竞争法的规定,受贿人违法所得的范围是确定的,即所收受的贿赂,包括财物和其他手段。其中,如果行贿人采用给付现金或财物的方式行贿的,往往表现为财产权利的转移,其结果是受贿人财产金额的增加,因此,违法所得按受贿人所得现金或实物的价值计算即可。当行贿人采用其他手段行贿的,虽然这种行贿手段也能满足受贿人的某种需求,但并非表现为财产权利的转移,受贿人的财产金额也并不一定增加。因此,实践中,对这种用"其他手段"进行行贿的行为,受贿人很难说有"违法所得",因而也很少对其适用没收违法所得。因为如果存在违法所得,就不能认定为是采用"其他手段"进行行贿,而应认定为采用财物手段进行的行贿。①

2. 违法所得的减免问题

《反不正当竞争法》没有规定违法所得的减免问题,但是《行政处罚法》第 27 条对行政处罚的减免作了规定,这一规定也适用于商业贿赂的没收违法所得。根据《行政处罚法》第 27 条的规定,当事人有下列情形之一的,应当依法从轻或者减轻行政处罚:(1)主动消除或者减轻违法行为危害后果的;(2)受他人胁迫有违法行为的;(3)配合行政机关查处违法行为有立功表现的;(4)其他依法从轻或者减轻行政处罚的。违法行为轻微并及时纠正,没有造成危害后果的,不予行政处罚。因此,在行政执法中,如果行为人确有《行政处罚法》所规定的减轻甚至免除处罚的法定事由,行政执法机关可以减轻甚至免除没收违法所得。

(二)行贿人违法所得的确定问题

竞争法中对行贿人违法所得的确定一直是一个争议较大的问题,主要存在两种观点:一种观点认为行贿人违法所得是指其从事不正当竞争活动所得的利润,也可以称为"获利额"说;另一种观点

① 孔祥俊:《反不正当竞争法的适用与完善》,法律出版社 1998 年版,第 376 页。

认为,行贿人违法所得是指行贿人从事不正当竞争活动所获取的全部经济收入,包括成本、利润等部分,也可称为“经营额”说。这两种观点一直是执法中争议的焦点,也就是在没收违法所得时应否扣除成本的问题。①

从字面解释来看,违法所得是指行为人实施违法行为所获取的收益。如果没有该不正当行为,就不会有收益,该收益就是违法所得。可见,在商业贿赂行为中产生违法所得需要有下列条件:存在商业贿赂行为、获取了收益、商业贿赂行为与收益之间存在因果关系。从这个角度看,对违法所得确实应采用“获利额”说。国家工商行政管理总局《关于不正当竞争行为违法所得计算方法问题的通知》(工商公字[1994]第175号)中规定,不正当竞争行为违法所得的计算基本上也采取获利额说。但从司法实践来看,违法所得的具体认定存在多种情况,其外延也并不确切,违法所得的“收入”和“收益”在很多情况下也很难完全区分开来,需要根据实际情况来具体分析。②

一般认为,行贿人的违法所得是指行贿人因行贿获得竞争优势后而赚取的商业利润。虽然在实践中,行贿人给予了受贿人贿赂物,表面上看是利益受损的一方,不像受贿人那样具有违法所得的问题。但实际上,在商业贿赂中,行贿人给予受贿人贿赂是出于商业目的,即通过贿赂手段获取竞争优势和交易机会,进而在商业交易中赚取利润,这里的“利润”就是行贿人的违法所得。当然,并非每次行贿获取交易机会就能盈利,也可能获取交易机会后在随后的交易中亏本,此时,行贿人当然不存在违法所得问题。而从遏制商业贿赂泛滥的目的出发,有必要没收行贿人因为行贿在商业交易中

---

① 胡康生主编:《〈中华人民共和国反不正当竞争法〉释义》,法律出版社1994年版,第63页。

② 孔祥俊:《反不正当竞争法新论》,人民法院出版社2001年版,第810页。

获取的利润，防止他们利用这些利润再去行贿，杜绝再犯的可能性。

在执法实践中，对于行贿人因行贿而获得的不正当经营利益，因为实践中难以确定其所获的具体金额，因而很少用“没收”的处罚方式。事实上，在起草《关于禁止商业贿赂行为的暂行规定》时，立法者曾打算明确规定行贿人的违法所得是指其因行贿而获取的利益（利润）。后来，有人认为，国家工商行政管理总局在工商公字[1994]第175号文件中已明确指出，《反不正当竞争法》中的违法所得参照投机倒把案件非法所得的计算方法计算，按照这一规定执行即可，没有必要再在本规章中重复了，因而最后没有将行贿人违法所得的确定问题写进去。执法机关在执法实践中，应当按照国家工商行政管理总局工商公字[1994]第175号文件没收行贿人的违法所得，以实现对行贿人的严惩。①《关于投机倒把违法违章案件非法所得计算方法问题的通知》（工商检字[1989]第336号）主要规定有：“在生产经营中，违反国家法律、法规、规章，构成投机倒把违法违章行为的，其非法所得的计算方法是：凡有进销价（包括批发价、零售价）的，以销价与进价之差作为非法所得；属于生产加工的，以生产加工的产品的销价与成本价之差作为非法所得。”这其实采用了“获利额”的观点，之后商业贿赂的行政处罚也遵循了该规定，在没收违法所得时采取的也是“获利额”的做法。

四、商业贿赂行为行政处罚的反思

针对我国竞争法有关商业贿赂行为行政处罚的规定，笔者认为有几个地方值得思考：

---

① 孔祥俊：《反不正当竞争法的适用与完善》，法律出版社1998年版，第378页。

1. 行贿者非法所得的范围

从目前来看,对于行贿人的违法所得主要采用的是“获利额”的做法,即扣除违法所得的成本。笔者认为这种做法并不正确,而应采取“经营额”的做法,即除没收违法所得的收益外,同时没收其成本。理由如下:(1)贿赂成本是行为人实施贿赂行为所支付的利益代价,贿赂行为既然是法律不允许的,那么其成本也是有违公序良俗的,从法律上考虑没有保护的价值。(2)没收违法所得时扣除成本,可从经济方面彻底切断不法资金的循环,剥夺行为人再犯的条件,从而达到预防再犯的目的。(3)行政处罚作为国家对违法人的处罚方式,不同于民法中的损害赔偿制度,后者以“保护被害人利益及填补损害”为目的,因此计算时必须扣除成本;而前者还需基于行政处罚的基本原则对行政违法人进行一定的惩罚,因此,除没收违法所得外,还需没收成本。[①] 尤其是在当前商业贿赂严重泛滥的情况下,为了从源头上堵截商业贿赂行为,最有效的方法就是没收行贿人进行经营活动的贿赂成本。

2. 其他行政处罚方式的增加问题

我国竞争法对商业贿赂行为的行政处罚只有罚款和没收违法所得,没有涉及监督检查部门如何对正在进行中的商业贿赂行为进行行政干预的权力。笔者认为,为了防止不正当竞争者商业贿赂行为的持续,有必要在《反不正当竞争法》中增加对两次以上的商业贿赂行为处以责令停产、停业、吊销许可证或执照等行政处罚。事实上,我国《药品管理法》还特别规定,对实施商业贿赂的药品企业、医疗机构可以吊销企业营业执照、药品生产许可证、药品经营许可证,对执业医师吊销执业证书等。国外类似的行政措施有美国联邦贸易委员会的停止违法行为令、日本公正交易委员会的排除令等。这些

---

① 吴天云:“论没收犯罪所得应否扣除成本——兼评‘最高法院’九十三年度台上字第二八八及三一九九号判决”,载《月旦法学杂志》2006年第2期。

行政措施不仅能有效防止不正当竞争行为损害结果的扩大，而且对受害人停止进一步违法的请求权的实现有重要的保障作用。[①] 此外，还可以借鉴商务部《对外贸易经营者违法违规行为公告办法》的规则建立商业贿赂企业公告制度。

第二节　商业贿赂行为的民事责任

虽然规制商业贿赂行为是为了保护公平的市场竞争秩序，但并不排斥对其他竞争者私有权利的保护。行贿人通过贿赂手段获得不正当竞争优势，必然导致其他竞争者应得竞争机会的丧失，从而减少预期的商业利润。因此，不少国家都规定了商业贿赂行为的民事责任。而我国的商业贿赂立法却凸显出对公共利益（公平的市场竞争秩序）的偏爱和对其他经营者民事权利的忽视，如我国《反不正当竞争法》第 20 条规定经营者违反本法规定，给被害经营者造成损害的，应当承担赔偿责任，但对这一规定如何具体执行，《反不正当竞争法》和《关于禁止商业贿赂行为的暂行规定》都没有说明，导致实践中缺乏操作性，形同虚设。实际上，商业贿赂的民事责任对遏制商业贿赂具有重要意义，因而受到国际社会的重视。1999 年部分欧洲国家签署的《反腐败民事公约》（Civil Law Convention on Corruption）就在其导言中明确指出，“深信民法对反腐败作出的重要贡献，尤以能令受损之人获得公正补偿……”其中第 1 条规定：“对于因腐败行为而遭受损失的人，各成员国应当在国内法中规定有效的救济措施，使他们能保护自己的权利和利益，包括获得损害赔偿的可能”；第 3 条第 1 款进一步规定：“各成员国均应在国内法中规定，由于腐败行为遭受损失的个人有权提起诉讼以获得全面的损害

---

① 周家贵：“商业贿赂行为及其法律管制”，载《法律科学》1995 年第 2 期。

赔偿。"①

应该看到,赋予被害经营者对行贿人的行贿行为提起民事诉讼的权利,可以调动民间力量对商业贿赂行为进行监督和加大惩罚力度,有利于在一定程度上遏制商业贿赂的泛滥。然而从我国的执法实践来看,现实中对商业贿赂行为提起民事诉讼的情况比较少见,即使提起了诉讼,依现行的赔偿方法也很难获得充分救济。有鉴于此,笔者认为,有必要对我国商业贿赂行为的民事责任进行研究,寻求有利于司法机关在实践中执行的操作方案,从而推动反商业贿赂措施的发展。

从目前的执法实践来看,诸多法律内和法律外的因素影响了商业贿赂民事责任的实现,笔者详细论述如下几个问题。

一、我国法律对商业贿赂民事责任形式规定的不足与补充

我国《反不正当竞争法》第 20 条对各种不正当竞争行为的民事责任作了统一规定:"经营者违反本法规定,给被侵害的经营者造成损害的,应当承担损害赔偿责任,被侵害的经营者的损失难以计算的,赔偿额为侵权期间因侵权所获得的利润;并应当承担被侵害的经营者因调查该经营者侵害其合法权益的不正当竞争行为所支付的合理费用。被侵害的经营者的合法权益受到不正当竞争行为损害的,可以向人民法院提起诉讼。"显然,这一规定也适用于商业贿赂行为。

另外,《民法通则》第六章民事责任部分的规定也适用于商业贿赂侵权行为的民事责任。根据《民法通则》第 106 条第 2 款规定:

---

① 程宝库:《商业贿赂——社会危害及其治理对策》,法律出版社 2006 年版,第 165 页。

"公民、法人由于过错侵害国家、集体的财产,侵害他人财产、人身的,应当承担民事责任。"其第130条规定:"二人以上共通侵权造成他人损害的,应当承担连带责任。"其第134条规定:"承担民事责任的方式主要有:(一)停止侵害;(二)排除妨碍;(三)消除危险;(四)返还财产;(五)恢复原状;(六)修理、重作、更换;(七)赔偿损失;(八)支付违约金;(九)消除影响、恢复名誉;(十)赔礼道歉。以上承担民事责任的方式,可以单独适用,也可以合并适用。人民法院审理民事案件,除适用上述规定外,还可以予以训诫、责令具结悔过、收缴进行非法活动的财物和非法所得,并可以依照法律规定处以罚款、拘留。"

可见,相对于《民法通则》来说,我国《反不正当竞争法》对被侵害人民事权利的规定过于狭窄,只规定了"损害赔偿",而没有规定更有现实意义的"停止侵害",这种单一的责任形式显然不利于商业贿赂的民事救济。笔者认为,有必要对被侵害人增加"停止侵害"的救济方式,因为停止侵害对制止商业贿赂更为实际和有效。停止侵害和损害赔偿的区别在于:停止侵害无须证明损害事实以及损害事实与侵害行为之间存在因果关系,即使损害结果尚未发生,只要不正当竞争行为有造成损害结果的可能性,就可以主张"停止侵害";而损害赔偿必须存在现实的损害结果,而且必须证明损害结果和侵害行为之间存在因果关系。可见,停止侵害的适用条件相对宽松,更有意义的是它能防止侵害行为于未然,避免侵害行为造成更为严重的后果。尤其是在商业贿赂行为中,由于交易的复杂性,很多被害的竞争者都难以证明自己的损害范围以及损害和商业贿赂行为之间的关系,而要等到损害结果切实发生,则不利于对被侵害竞争者权利的保护。相比较而言,对于被侵害的其他竞争者而言,停止侵害请求权是制止商业贿赂的实际有效的救济手段。而且,增加停止侵害请求权作为商业贿赂民事责任的承担方式,也可以为被侵害的其他竞争者在紧急情况下的诉前临时措施乃至先予执行创造条件。①

从国外的立法来看,不少国家都将“停止侵害”和“损害赔偿”共同作为商业贿赂民事责任的承担方式。如《德国反不正当竞争法》第1条规定:“行为人在商业交易中以竞争为目的而违背善良风俗,可向其请求停止行为和损害赔偿。”第13条进一步规定,对于实施商业贿赂行为的人,“可以提起停止行为请求权”,要求行为人停止贿赂。此外,对于实施商业贿赂行为的人,对其贿赂行为所造成的损害负有赔偿责任。② 我国台湾地区“公平交易法”也规定对不正当竞争行为的民事责任包括“除去侵害请求权及防止侵害请求权”和“损害赔偿责任”。③

二、商业贿赂中民事责任原告与被告的确定

民事责任必须有确定的原告和被告,否则相关的民事权利义务无法实现。但与其他不正当竞争行为不同的是,商业贿赂中受损的有时是特定的竞争者,此时比较容易确定原告和被告,但大多数情况下,受损的是不确定的群体,如其他不确定的竞争者群体和消费者群体,此时如何确定原告便成问题。或者说正是受侵害人的不确定性导致了民事责任追究法律程序难以启动。

(一)商业贿赂侵害行为中原告的确定

从前述竞争法的规定来看,商业贿赂除侵害了公平的市场竞争

① 安宁:“我国商业贿赂民事责任制度的不足与完善”,载《南开学报》(哲学社会科学版)2006年第5期。

② 邵建东:《德国反不正当竞争法研究》,中国人民大学出版社2001年版,第239页。

③ 廖义男:《公平交易法之理念与立法》,中国台湾三民书局1995年版,第35页。

秩序外，还侵害了其他竞争者的利益和消费者的利益。因此，从理论上讲，利益受损的其他竞争者和消费者都可能成为追究民事责任的原告，但事实并非如此。

1. 其他利益受损的竞争者的原告资格

在商业贿赂中，原告和被告是有竞争关系的不同市场主体，但竞争关系的范围如何确定，一直存在争议，从而导致被害竞争者的范围也难以确定。理论上，主要有狭义的竞争关系和广义的竞争关系之争：狭义的竞争关系认为，竞争关系是指商品之间具有替代关系（相同或近似商品）的经营者之间相互争夺交易机会的关系，这可以看做是经营者之间的直接竞争关系；广义的竞争关系则认为，即使商品互不相同、不具有替代关系的经营者之间也存在竞争关系，包括经营者之间的直接竞争关系和间接竞争关系。从目前的发展趋势来看，广义的竞争关系成为各国竞争法的首选，主要是基于以下原因："一是反不正当竞争法的不正当竞争归根结底是以不正当手段谋取竞争优势的行为，谋取竞争优势的方式既可以是直接损害竞争对手，又可以是间接损害竞争对手，甚至采取损害消费者的方式，竞争优势的取得并不以损害特定的竞争对手为限。二是反不正当竞争法的保护对象和目的具有多元性，既包括经营者，又包括消费者，而在经营者之中，既可以是严格意义上的竞争对手的经营者，也可以是没有直接竞争关系的经营者。如果将反不正当竞争法上的竞争关系限定为狭义的竞争关系，则无法达到禁止不正当竞争的目的。三是现代反不正当竞争法已朝着一般性市场管理法方向发展，其管理对象为市场行为，旧式的狭义的竞争关系的立足点已被抛弃。"①

笔者认为，尽管大多数不正当竞争行为中竞争关系应持广义说，但在商业贿赂中，对于原告范围的确定应采用狭义的竞争关系。因

① 孔祥俊：《反不正当竞争法新论》，人民法院出版社2001年版，第158～170页。

为和行贿人具有间接竞争关系的经营者范围是不确定的，如果赋予这些人损害赔偿请求权，将会导致损害赔偿请求权由于范围过广而无法实现。此外，毕竟处于直接竞争关系的经营者的损失比处于间接竞争关系的经营者的损失要大，是主要受害人，从目前的实际来看，将司法救济主要集中于具有直接竞争关系的经营者更为现实合理，也更容易实现。因此，商业贿赂中的竞争关系是指在同一市场上从事经营活动的经营者之间争夺交易机会的活动，或者说是经营同类商品（相同或近似商品）的经营者之间的竞争关系。这种观点得到《德国反不正当竞争法》的认可。《德国反不正当竞争法》认为，商业贿赂的民事侵权中，有损害赔偿请求权的人只能是商业贿赂行为直接损害的经营者，即与行贿人具有狭义竞争关系的人，此时，行贿人与其他竞争者之间存在直接的竞争关系，而此外的其他与行贿人处于抽象或间接竞争关系的经营者则不具有损害赔偿请求权。①

2. 利益受损的消费者的原告资格

由于《反不正当竞争法》主要是保护公平的市场竞争秩序，消费者往往是间接受害者，其损害性质往往是不公平竞争事实的反射，因此，消费者是否具有原告资格，值得探讨。

对于消费者在竞争法中所处的地位，理论上有如下几种争论：(1)从属说，认为消费者的利益应该从属于国民经济的全体利益，因此，保护消费者并非竞争法的主要目的；(2)结果说，认为消费者的利益的确保，本身并不是经济政策立法的目的，只不过是因为竞争秩序的维持所得到的结果而已，其目的应该是国民经济的全体利益；(3)间接目的说，认为消费者保护是竞争法的立法目的，但并非处于政策上的优先地位，因此，消费者的保护应不能列为竞争法的

① 邵建东：《德国反不正当竞争法研究》，中国人民大学出版社2001年版，第386页。

直接目的,而应是间接目的。[①] 从这些学者的观点可以看出,消费者的利益在竞争法法益保护结构中并没有处于主要的地位,而是处于从属地位或者说是法律保护竞争秩序的附带结果而已。

笔者认为,消费者在商业贿赂这种不正当竞争行为中是否有诉权,应结合消费者的权利及其在竞争关系中的地位来论述。一般认为,竞争法中消费者所具有的权利有四种:(1)追求安全的权利,即禁止贩卖危害健康、生命的产品,以保护消费者。(2)知情的权利,即厂商不可为虚伪、欺瞒或是与事实不相符合的广告或者宣传,或者消费者有权要求赋予足够选择商品的必要知识。(3)选择的权利,即能够保证产品是处于竞争价格及高品质的服务,如果无法处于竞争价格时则应代以政府规制。(4)意见有被反映的权利,即政府能够充分考虑消费者的意见,而且能够要求行政当局为公平迅速地处理。从现代资本主义的经济体制分析,支持其存在的两大支柱是消费者的主权(允许消费者自由选择的权利)和企业体的主权(自由追求最大利润的权利)。但是,随着市场经济的发展,消费者的主权已逐渐为生产者的主权和企业家的主权所取代,这主要是由于资本的集中所导致的企业的集中,使得经济交易主体(消费者和企业)之间能够基于平等地位及自由意思进行交易的可能性逐步减小,这样,消费者主权存在的前提已不复存在。[②] 因此,从笔者前述的竞争法的保护法益的三元结构来看,在竞争秩序、其他竞争者的利益和消费者的利益中,能够直接影响竞争关系并从中直接受到影响的主要是竞争秩序中的竞争者;消费者能对竞争所产生的影响其实是微乎其微的,他们总是被动地在竞争关系中寻求影响与生存。从这个

---

① 赖源河:《公平交易法新论》,月旦出版社股份有限公司 1997 年版,第461~462页。

② 赖源河:《公平交易法新论》,月旦出版社股份有限公司 1997 年版,第462~463页。

角度来看,消费者在竞争关系中只是处于间接受害的地位,其受损利益只是竞争关系或竞争秩序波动时的一种折射反映。此外,由于消费者群体的广泛,如果赋予消费者以诉权,则可能导致这种诉权被滥用而有害司法。因此,消费者不应该成为商业贿赂中民事责任的原告。需要指出的是,对消费者利益的保护其实也就是对竞争秩序进行保护的一种附带结果,因此,即使不将消费者作为商业贿赂中民事责任的原告,也并不意味着他们的权利得不到保护,而是最终能通过对竞争秩序的保护得以实现。

(二)如何确定被告问题

这一问题主要是,商业贿赂中的被告是行贿者还是受贿者?或者既是行贿者又是受贿者?如果受贿者的非法所得已经被没收,行贿者是否还要对赔偿负连带责任?

国家工商行政管理总局颁布的《关于禁止商业贿赂行为的暂行规定》第9条和第10条规定:"有关单位或者个人购买或者销售商品时收受贿赂的,由工商行政管理几个按照前款规定处罚","工商行政管理机关在监督检查商业贿赂行为时,可以对行贿行为和受贿行为一并予以调查处理"。可见,商业贿赂的行贿者和受贿者属于行政法上的共同违法行为人。在民法上,他们是共同侵权行为人,应承担共同侵权民事责任。需要注意的是,这里的受贿者不仅包括交易对方,也包括与交易行为密切相关的第三人。实践中通过向第三人行贿,由第三人利用其影响力促成交易的行为并不鲜见。如旅游景点为了吸引游客前来消费,常常以"人头费"、"停车费"等名义而给予旅行社或导游人员一定的财物,以鼓励旅行社和导游组织旅行团前往该景点消费。这就是典型的利用第三人的影响力促成交易的商业贿赂行为。对此,1999年国家工商行政管理总局《关于旅行社或导游人员接受商场支付的"人头费"、"停车费"等费用定性处理问题的答复》明确指出:"《中华人民共和国反不正当竞争法》第8条禁止经营者为销售或购买商品而采用财物或其他手段进行贿赂的行为，其实质是禁止经营者以不正当的利益引诱交易。经营者无论将这种利诱给予交易对方单位或个人，还是给予与交易行为密切相关的其他人，也不论给予或收受这种利益是否入账，只要这种利诱行为以争取交易为目的，且影响了其他竞争者开展质量、价格、服务等方面的公平竞争，就构成《反不正当竞争法》第 8 条禁止的商业贿赂。”①

另外，《民法通则》第 130 条规定：“二人以上共同侵权造成他人损害的，应当承担连带责任。”在商业贿赂中，行贿行为与受贿行为是对向性的行为，共同造成了被侵害竞争者利益的损失，因此，商业贿赂的行贿人和受贿人应构成共同侵权，按照《民法通则》的规定承担连带责任。类似地，1999 年欧共体成员国签署的《关于腐败的民事协定》第 4 条第 2 款规定：“各成员国均应当在国内法中规定，如果有数个被告都对同一腐败行为负有责任，他们应当承担共同连带责任。”

三、商业贿赂中民事责任的损害范围及其赔偿

这里主要指如何确定被害竞争者因为行贿人的贿赂行为而遭受的经济损失。因为在一定范围和时期内，影响一个行业的经济效益的因素很多，如国家政策和社会消费观念。因此，如何确定损害范围也是执法中难以处理的问题。

（一）商业贿赂行为损害范围的争议

理论上对于损害范围的确定大致有如下两种方法：（1）以被害竞争者因贿赂行为所受的损害额为计算基础，即按照受害人因为丧

① 程宝库：《商业贿赂——社会危害及其治理对策》，法律出版社 2006 年版，第 168 页。

失交易机会而使原本应得到的利益未能得到的数额为计算基础；(2)以被告因贿赂行为而增加的财产为计算基础，也就是被告因贿赂行为获得交易机会后所得的商业利润。从民法的角度而言，前述第一种方法是典型、传统的方法；第二种方法源自于民法中的不当得利，即没有合法根据而使他人受到损失，而自己获得利益的行为引起的一种事实状态。① 现在大多数国家都采取第一种方法来确定损害范围，我国竞争法也是这样规定的。

（二）商业贿赂行为所导致的损害范围的确定

我国竞争法认为，商业贿赂民事责任的损害范围仅限于财产损害，包括以下几个项目：

1. 实现权利的费用

权利人为实现其权利而实际支付的必要费用，可以要求被告赔偿。我国《反不正当竞争法》第 20 条规定了被告经营者应承担“被侵害的经营者因调查该经营者侵害其合法权益的不正当竞争行为所支付的合理费用”。这些费用包括：为发出诉讼前警告而支付的律师费；为获取咨询意见、确认损害赔偿义务以及履行损害赔偿义务而支付的律师费；为制作专家鉴定书和法律鉴定书而支付的费用；为调查有关商业贿赂行为的案情事实所支付的费用。②

2. 所失利润

即被侵害的经营者因为贿赂行为丧失交易机会而导致的损失。我国《反不正当竞争法》第 20 条规定“经营者违反本法规定，给被侵害的经营者造成损害的，应当承担损害赔偿责任”。同时该条规定了损害范围，即“被侵害的经营者的损失难以计算的，赔偿额为侵权人在侵权期间因侵权所获得的利润”。

---

① 赖源河：《公平交易法新论》，月旦出版社股份有限公司 1997 年版，第 480 页。

② 邵建东：《德国反不正当竞争法研究》，中国人民大学出版社 2001 年版，第 389 页。

（三）损害范围的实现问题

对于前一种损害，即实现权利的费用的数额比较容易确定，并不存在什么难点。但对于后一种损害，即“所失利润”，则是各国都受困扰的问题。

首先，对于“被侵害经营者的损失”如何确定是个问题，是他获取这个交易机会所投入的成本，还是他的平均利润？而且一个商业贿赂行为往往会损害多个竞争者的利益，这些竞争者的损失未必完全相同，当其中一个被侵害的竞争者向法院提起诉讼而其损失难以计算时，侵权人赔偿他“因侵权所获得的利润”，那么其他的竞争者也向法院提起诉讼时该如何处理？其次，经营者在市场交易中利润的获得取决于多个因素，交易机会只是其中的一个条件，同样的交易机会赋予不同的经营者会有不同的盈利数额甚至亏损数额。因此，对于其他竞争者而言，仅仅因为丧失了一个交易机会就可能获得自己经营了也未必能获得的利润；而对于侵权行为人而言，仅仅因为不正当地取得了一个交易机会就得赔偿自己投入资金、人员、管理、技术等诸多生产要素才能取得的利润，这显然不合理。①

因此，有学者认为，被侵害的经营者的公平竞争权具有无形性的特点，其损失难以直观计算，即使采取“侵权期间因侵权所获得的利润”的计算标准，被侵害的经营者也无法获得充分救济，因为侵权所获得的利润和被侵害的其他经营者所受到的损失显然不成比例。因而主张对其他经营者所丧失的交易机会的民事救济，“应以被侵害的其他经营者如果获得这一交易机会，在正常情况下其所能获得的合理预期利润作为确定侵权损害赔偿的标准。如果被侵害的其他经营者为复数，为了平等地保护所有竞争者的交易机会并惩罚贿赂者，应对所有被侵害的其他经营者按其都能获得交易机会的预期

---

① 安宁：“我国商业贿赂民事责任制度的不足与完善”，载《南开学报》（哲学社会科学版）2006 年第 5 期。

利润进行赔偿。”①

笔者赞成该学者的主张，因为相同条件下不同市场主体的获利能力并不必然相同，当行贿的经营者的获利能力强于被侵害的经营者的获利能力时，按照其“侵权期间因侵权所获得的利润”的计算标准当然可行。但是如果行贿的经营者的获利能力低于被侵害的经营者的获利能力，仍按照行贿经营者在“侵权期间因侵权所获得的利润”的计算标准显然对被侵害的经营者不公平。因此，采用该学者的主张，则能根据不同的市场主体的获利能力做到处罚得当。具体说来，当受害经营者的损失不易计算时，以行贿人得到的利益确定赔偿额；受害经营者的损失容易计算、大于行贿人得到的利益的，以前者为准，小于行贿人得到的利益的，以后者为准。

四、商业贿赂中民事责任的举证责任

民事责任举证责任的基本原则是“谁主张，谁举证”。但是在商业贿赂中，对于一个市场交易行为的调查，单纯依靠经营者个人或者消费者个人是难以完成举证责任的。因为对商业贿赂行为的调查必然涉及交易双方的商业秘密，如财务账簿，如果没有国家权力做后盾是难以介入的。但如果完全寄希望于依靠国家行政机关来帮助被侵害人进行民事赔偿的取证工作，则司法成本太高而难以实施。

笔者认为，在商业贿赂的民事责任中承担举证责任的主要是主张利益受损者，包括其他竞争者群体和消费者群体。但这两者由于其自身的局限性往往难以介入调查。比较现实的做法是仿效德国

① 程宝库：《商业贿赂——社会危害及其治理对策》，法律出版社 2006 年版，第 174 页。

竞争法的规定，即赋予工商团体、工商业公会以及消费者团体等机构以调查权，作为被侵害人调查权的后盾。对于其他竞争者而言，主要是其所处行业的行业组织（通常是行业协会）；而对于消费者而言，是指消费者协会。这些机构由于其所处的社会地位和社会职责，往往对其所领导的个体经营者和个体消费者具有监督权力和保护义务，在发生商业贿赂行为时，可以通过自己的权力介入调查取证，对所涉经营者的商业秘密也无须回避，因而能较好地完成举证责任。

第三节　商业贿赂犯罪的刑事责任

对于商业贿赂犯罪的刑事责任的具体内容，将留到下一章商业贿赂犯罪的立法建议中讨论，这里主要讨论的是商业贿赂犯罪刑事责任承担中需要注意的几个问题。

一、商业贿赂犯罪中刑罚处罚的重点

从我国目前《刑法》分则条文的规定来看，无论是第 163 条与第 164 条，还是第 385 条与第 386 条，在贿赂犯罪这个对向犯中，对受贿行为的处罚总是重于对行贿行为的处罚。但是从竞争法的角度而言，在商业贿赂犯罪中，对商业行贿者的处罚应重于对商业受贿者的处罚。笔者认为，在贿赂犯罪中，一概重罚受贿者是不合理的，在公务贿赂犯罪中，应重罚受贿者；而在商业贿赂犯罪中，则应重罚行贿者。理由如下：

1. 从二者所侵犯的客体来看。商业贿赂犯罪所侵犯的是公平的市场竞争秩序，行贿者为了抢占市场，给予受贿者好处以获取不正当的竞争优势，而受贿者的行为往往并不直接具有不正当竞争行

为的性质,因为商业受贿的主体可以是非经营者的个人,而且受贿的直接目的不是为了抢占市场、获取不正当竞争优势,而是为了满足自己某方面的需要。① 因此,从对市场秩序侵害方面来讲,行贿者在整个商业贿赂行为中居主导地位,是始作俑者,也是最大受益人,其社会危害性大于受贿者。② 尤其是当前商业贿赂犯罪形势严峻,为从源头上遏制商业贿赂犯罪,必须重罚行贿者。而公务贿赂犯罪所侵犯的客体是国家工作人员职务行为的廉洁性,国家工作人员作为公共权力的行使者,本应尽职尽责地为公众服务,而他却与行贿者勾结,将公共权力作为自己谋取私利的工具,这必然对公共权力的健康运行以及公众对公务行为的信赖产生巨大的破坏作用。因此,在整个公务贿赂行为中,国家工作人员的行为起主导作用,仅有行贿者的行为是不可能侵犯其职务行为的廉洁性的,所以对受贿者理应重罚。

2. 从行贿者与受贿者的法律地位来看。在公务贿赂犯罪中,行贿者与受贿者之间的法律地位是不平等的,因为受贿者掌握着公共权力,他与行贿者之间是一种管理与被管理的关系。受贿者对公共事务管理的垄断性,决定了其"权力寻租"的可能性。此时行贿者不存在选择的余地,尤其是在索贿时,行贿者甚至是被害人,缺乏期待可能性。如行政机关与行政相对人之间、司法机关与诉讼当事人之间都属于这种关系。另外,鉴于实践中查处受贿罪的难度较大,通常需要行贿者提供线索,出于策略上的考虑,对其处罚较轻也是可以理解的。而在商业贿赂犯罪中,行贿者与受贿者之间的法律地位是平等的,都是市场活动的参与者。市场主体的多样性,决定了行贿者具有较大的选择余地,他可以选择与受贿者交易,也可以选择

---

① 黄赤东、孔祥俊主编:《反不正当竞争法及配套规定新释新解》,人民法院出版社2001年版,第292页。

② 卢建平:《刑事政策与刑法》,中国人民大学出版社2004年版,第314页。

与受贿者之外的其他人交易，法律对其实施合法行为具有较大的期待可能性。换句话说，行贿者可以选择不正当竞争，也可以选择公平竞争，而他执意选择不正当竞争，因而主观罪过性较大，应予重罚。

二、商业贿赂犯罪中单位犯罪的处罚

笔者前述单位也可以构成商业贿赂犯罪，且从我国《刑法》第31条规定可知单位犯罪一般都实行两罚制。另外，我国《刑法》对《反不正当竞争法》中的几种不正当竞争行为所构成的犯罪也都规定了“两罚制”，即单位犯本罪的，对单位判处罚金，并对其直接负责的主管人员和其他直接责任人员，依照各条的规定处罚。如《刑法》第219条侵犯商业秘密罪；第221条损害商业信誉、商品声誉罪；第222条虚假广告罪都实行两罚制。因此，笔者主张，在单位构成商业贿赂犯罪时，也应该实行两罚制，即不仅要对单位判处罚金，而且要对其直接负责的主管人员和其他直接责任人员判处刑罚。

这里，有两个问题值得我们注意：

1. 如何区分商业贿赂犯罪中的单位犯罪与自然人犯罪

很多时候商业贿赂的主体表面上看是公司本身，实质上则可能是隐藏在公司背后的股东或公司的董事、监事及高级管理人员。由于公司人格容易形骸化，因此，商业贿赂犯罪的元凶实际上往往是隐藏在公司背后的股东、董事、监事和高级管理人员。为了达到利润的最大化，公司成立后往往成为不良股东尤其是不良大股东规避法律甚至是违法的工具，包括从事商业贿赂行为。此外，由于公司财产权和管理权的分离，公司的权力中心经历了股东会中心主义—董事会中心主义—经理层中心主义的演变。这样，公司、股东和管理层的受益目标函数可能并不一致，很多时候，公司利润最大化并不意味着管理层利益的最大化。因此,管理层为了追求最大效益往往不惜突破各种制约机制利用公司进行自我图利,商业受贿就是一个典型的例子,而且这种情况大多是打着公司的幌子进行的。[①] 此时必须区分到底是单位犯罪还是自然人犯罪。

笔者认为,因为在单位犯罪的情况下,单位本身并不能实施行为,而是通过其单位的自然人来实施行为。这样,就可能存在三种情况:一是单位直接负责的主管人员或其他直接责任人员以自己的名义收受贿赂并归自己所有的,构成自然人的商业受贿罪,只处罚自然人即可。二是单位直接负责的主管人员或其他直接责任人员以单位名义收受贿赂并归单位所有的,构成商业受贿罪的单位犯罪,实行两罚制。三是单位直接负责的主管人员或其他直接责任人员以单位名义收受贿赂,其中一部分归自己所有,另一部分归单位所有时,也应该按单位犯罪处罚,因为这样既可以处罚单位,也可以处罚自然人;如果按自然人犯罪处罚,就无法处罚单位本身了,这显然不合理。

2. 对于非法人团体的商业贿赂犯罪问题

根据 1999 年 6 月 25 日最高人民法院《关于审理单位犯罪案件具体应用法律有关问题的解释》第 1 条的规定,"刑法第 30 条规定的'公司、企业、事业单位'既包括国有、集体所有的公司、企业、事业单位,也包括依法设立的合资经营、合作经营企业和具有法人资格的独资、私营等公司、企业、事业单位"。这一规定显然适用于商业贿赂犯罪的单位犯罪的情况。

问题是,在我国还存在大量的不具有法人资格的独资、私营等公

① 万国华、张小芳:"从公司治理法律制度角度探寻反商业贿赂途径",载《南开学报》(哲学社会科学版)2006 年第 5 期。

司、企业，理论上将其称为“非法人团体”。[①] 对这些非法人团体为了本团体的利益而实施的商业贿赂犯罪，如何进行认定和处罚就成为问题。具体说来，当这些市场主体为了团体本身的利益而实施商业贿赂行为，并且所受贿赂归该团体所有时，认定为自然人犯罪显然是不合适的，但根据《关于审理单位犯罪案件具体应用法律有关问题的解释》的规定，它也不属于单位犯罪的情况。

笔者认为，由于这些非法人团体以本团体名义所实施的商业贿赂行为，其利益最终归属于本团体，因而符合单位犯罪的本质，不应该认定为自然人犯罪，也没有必要再在我国《刑法》中另设非法人团体犯罪的规定。只要扩大我国单位犯罪的内涵，即将《关于审理单位犯罪案件具体应用法律有关问题的解释》第 1 条有关“公司、企业、事业单位”的解释中的“具有法人资格的独资、私营等公司、企业、事业单位”去掉“具有法人资格的”这一规定即可，这样就变成了“独资、私营等公司、企业、事业单位”，从而能将非法人团体的犯罪包括进来。

① 马克昌：《比较刑法原理——外国刑法学总论》，武汉大学出版社 2002 年版，第 157 页。

第七章 商业贿赂犯罪的立法建议

在对商业贿赂犯罪相关问题进行研究后，笔者认为，针对我国目前《刑法》欠缺商业贿赂犯罪条文的现状，有必要在立法上确定商业贿赂犯罪的专门条款。在此，针对商业贿赂犯罪立法中的几个问题进行研究并提出建议。

第一节 商业贿赂犯罪的立法模式

一、国外商业贿赂犯罪的立法模式

一国对特定犯罪的立法模式可以采用刑法典、单行刑法、附属刑法等多种方式，各国的具体做法因立法体制和立法传统、习惯的不同而有所差别。

尤其是对经济犯罪而言,现代市场经济法治化的特征要求市场主体必须遵循一定的市场规则,这些市场规则有些是由市场自发形成的自由、公平、诚实信用等商业交易规则,也包括国家为了实现对市场宏观控制而制定和推行的管理规则。法律对市场规则的确认首先往往是以非刑事法律规范的形式表现出来的,这也是经济犯罪作为行政犯的一个重要特征。这样,大量被规定为经济犯罪的经济违法行为同时也是其他非刑事法律所规制的行为,最终导致有关经济犯罪的规定既可以存在于刑法典中,也同样可以以附属刑法的形式而存在于非刑事法律中。针对经济犯罪的这种特点,西方国家对经济犯罪的立法模式呈下列三种方式:第一种立法模式是将具体经济犯罪类型规定在刑法典中,要么采用专章的形式规定,要么在财产犯罪、背信犯罪中涉及了经济犯罪的具体条款;第二种立法模式是采用附属刑法的形式将具体经济犯罪类型规定在非刑事法律规范中;第三种立法模式是在刑法典和附属刑法以外制定独立的经济刑法典,如德国的《简化经济刑法》和荷兰的《经济犯罪法》。从目前的发展趋势来看,大陆法系采用的是以附属刑法为主、刑法典为辅的双轨制立法模式;英美法系主要采用的是附属刑法的立法模式。①

商业贿赂犯罪作为经济犯罪的一种,其立法模式也受前述经济犯罪立法模式的影响。综观当前各国商业贿赂犯罪的立法模式,主要可以概括为如下两种:

1. 法典式立法模式。这种立法模式将商业贿赂犯罪规定在刑法典中。如《挪威一般公民刑法典》均将商业贿赂犯罪规定在侵犯财产的犯罪之中,而《德国刑法典》将商业贿赂犯罪规定在"妨碍竞业"罪中,《芬兰刑法典》将其规定在"商业犯罪"一章中。需要指出的是,商业贿赂犯罪在刑法典中的不同归宿,反映了各国对商业贿

① 唐稷尧:"我国经济犯罪的立法模式选择——兼谈空白罪状内涵的解释与补充",载《四川师范大学学报》(社会科学版)2006年第6期。

赂犯罪本质的不同认识,也突出了该国刑法规制商业贿赂犯罪的法益保护目的所在。

2. 附属刑法式立法模式。这种立法模式将商业贿赂犯罪分散规定在反不正当竞争法、反垄断法以及商法等附属刑法之中,而很少甚至根本不体现在刑法典中。采用这种立法模式的国家典型的有英国和日本。如英国在《药物广告法》中规定了对医药领域的商业贿赂行为的处罚;《日本刑法典》虽然没有关于商业贿赂犯罪的规定,但在《公司法》、《证券法》中规定了对商业贿赂行为的处罚。①

上述两种立法模式各有优劣:法典式的立法模式能够借助刑法典的权威性和严厉性对商业贿赂犯罪进行严惩,从而在最大程度上达到遏制商业贿赂犯罪的目的;缺点是灵活性不足,难以概括各个不同领域的商业贿赂犯罪的特点。附属刑法式立法模式的优点是能够根据各个行业领域商业贿赂犯罪的不同特点进行灵活规定,但往往缺乏足够的威慑力,难以引起人们的重视。

二、我国商业贿赂犯罪立法模式研究

(一)国内刑法学者关于商业贿赂犯罪的立法模式的争议

对于商业贿赂犯罪的具体立法模式,我国学者存在以下观点:

1. 制定一部统一的《反商业贿赂法》。这种观点认为,由于我国目前反商业贿赂的法律体系存在种种缺陷,不可能单纯通过对某一部法律、法规的简单修改来彻底解决这一问题,因此,有必要制定一部统一的、综合的《反商业贿赂法》,并对涉及商业贿赂治理但又不

---

① 柳忠卫、汪雷:"商业贿赂犯罪立法比较研究",载秦瑞基、胡常龙主编:《商业贿赂犯罪问题研究》,山东大学出版社2006年版,第116~118页。

宜并入《反商业贿赂法》的刑事、会计等立法内容进行配套修改。①

2. 制定关于商业贿赂犯罪的实质刑法。这种观点认为,“法有限而情无穷”,因而刑法不可能揽括所有的犯罪,否则会失去明确性。此外,虽然将某种犯罪规定在刑法典中更能引起人们的注意,但是有些犯罪仅发生在一个特定的领域,涉及特定行业的人群,这些人更关心调整自己特定职业领域的法律,如公司法、教师法、医师法等,因此,在相应的部门法中设置罪刑规范更有针对性,更能发挥刑法的功效。因此,该学者主张仿效日本制定关于商业贿赂的实质刑法规定方式,如在《商法》、《有限公司法》、《破产法》、《证券交易法》中对商业贿赂犯罪作详细规定。②

笔者认为,上述两种观点都存在不合理的地方:首先,单行的《反商业贿赂法》并不现实。那种主张制定单行《反商业贿赂法》的想法是“法律万能主义”和“立法依赖”的表现。其实从我国现在各行各业有关商业贿赂法律规定来看,我国并不缺乏商业贿赂的法律规制,关键是如何落实这些规定、强化各部门间监管以及如何做好刑法典和这些附属刑法的配合。即使目前刑法典中商业贿赂犯罪的立法存在空缺,也可以通过修正案来解决,而不是寄希望于通过制定一部统一的《反商业贿赂法》来解决所有问题,这是不切实际的。应该说在商业贿赂犯罪的治理上,执法先于立法,修正现行法律先于另立新法。③ 其次,附属刑法在我国形同虚设,对商业贿赂犯罪采用这种立法模式也不可行。很多学者认为,我国的附属刑法和

---

① 程宝库:《商业贿赂——社会危害及其治理对策》,法律出版社 2006 年版,第 109 页;古丽阿扎·吐尔逊:“反商业贿赂犯罪立法评析”,载陈兴良主编:《刑事法评论》2007 年第 1 期。

② 陈家林:“日本刑法中的商业贿赂犯罪及对我国的启示”,载《山东警察学院学报》2006 年第 3 期;谭淦:“论商业贿赂罪的立法完善”,载《深圳大学学报》(人文社会科学版)2007 年第 3 期。

③ 卢建平、张旭辉:“商业贿赂的刑法规制——以私营部门为例”,载《法学杂志》2007 年第 1 期。

其他国家的附属刑法有很大区别:后者一般都会在附属刑法中对某种犯罪的罪与刑作出明确规定,既对该罪的罪状,如具体行为方式、手段特征作出明确规定,也对其法定刑作出明确规定;而我国的附属刑法采取的是援用刑法式,只规定了需要追究刑事责任的行为类型特征,而没有具体的刑法处罚内容。而且,在这些援用的条款中,除了极少数指明了所援用的刑法罪名外,大多数附属刑法都采取了没有具体刑法条文或罪名指向的概括式参照。① 这就导致了很多经济犯罪最后在法律责任上根本无法来落实。商业贿赂犯罪就是一个突出的例子,我国《反不正当竞争法》第22条虽然规定了"经营者采用财物或者其他手段进行贿赂以销售或者购买商品,构成犯罪的,依法追究刑事责任",但并没有指明所援用的刑法条文和罪名。而事实是我国《刑法》根本就没有关于商业贿赂犯罪的规定,《反不正当竞争法》又缺乏对商业贿赂犯罪的刑罚处罚规定,其结果是该规定形同虚设,根本无法使用。此外,由于商业贿赂犯罪涉及的领域众多,各个领域之间有可能存在重叠交叉的社会关系,这就决定了涉及各个行业的实质刑法可能存在重叠的现象,导致适用中的混乱。例如,在美国,不少法律法规中都规定了商业贿赂犯罪条款,结果造成了大量同类条款重叠的现象,使公诉方适用法律的选择范围增大,一定程度上扩大了公诉方在起诉上的自由裁量权,但同时也增加了被告方的压力,导致了诉讼中的障碍。② 这就从诉讼程序上说明了实质刑法的做法并不可取,我国应引以为戒,而不应盲目仿效外国的做法。

(二)我国刑法中商业贿赂犯罪应采用的模式

笔者认为,商业贿赂犯罪立法模式的选择,既与前述商业贿赂犯

---

① 唐稷尧:"我国经济犯罪的立法模式选择——兼谈空白罪状内涵的解释与补充",载《四川师范大学学报》(社会科学版)2006年第6期。

② 谭淦:"论商业贿赂罪的立法完善",载《深圳大学学报》(人文社会科学版)2007年第3期。

罪的概念界定有关，也与我国刑法中形式刑法与实质刑法之间的关系有关。首先，不同的学者对商业贿赂犯罪的界定不同，这就涉及如何处理商业贿赂犯罪与我国《刑法》现有的贿赂犯罪条款的问题，因而在立法模式上也存在不同观点。持广义商业贿赂犯罪概念的学者认为，我国《刑法》关于商业贿赂犯罪的规定已经相当完备，比较现实的问题是如何解释、适用好这些法律法规；而持前述第三种商业贿赂犯罪概念的学者则认为，我国现行《刑法》缺乏商业贿赂犯罪的规定，有必要在《刑法》中设立单独的商业贿赂犯罪条款。其次，从形式刑法与实质刑法的关系来看，我国现行行政法、经济法中的一些法律条款，只是单纯重申刑法的相关规定，没有对刑法作出解释、补充和修改，因而有学者认为，我国目前已经没有严格意义上的实质刑法了。① 因此，关于商业贿赂犯罪的立法模式必须正确处理好形式刑法与实质刑法之间的关系，使其尽可能衔接、协调。最后，商业贿赂犯罪的立法模式选择也必须考虑到法律体系的稳定性，所选择的立法模式必须对法律体系的变动最小。“法有限而情无穷”，社会的发展变化使得相对固定的立法总处于一种落后甚至疲于应付的状态，对法律的朝令夕改必然有损法律的权威性和严肃性，选择对法律体系变动最小的立法模式无疑是最现实可行的方法。

在坚持前述原则的基础上，笔者主张商业贿赂犯罪立法模式应采用刑法典的立法模式，即在刑法典中设置专门的商业贿赂犯罪条款，同时并不删除其他涉及商业贿赂犯罪的非刑事法律法规中对贿赂行为的规定，只是在其中明确指出“构成犯罪的，依照刑法第××条商业贿赂犯罪的规定追究其刑事责任”。理由如下：

1. 这是由商业贿赂犯罪的构成特征决定的。从我国目前的立

---

① 陈家林：“日本刑法中的商业贿赂犯罪及对我国的启示”，载《山东警察学院学报》2006 年第 3 期。

法现状来看,刑事立法远赶不上其他经济行政法规的增长和变化,这就造成了刑法介入经济活动的界限不明,无法对应该规制的经济行为进行有效的刑法处罚。因而有学者主张,"为了克服我国目前刑法调控经济行为单轨制立法模式的弊端,也为适应市场经济的需要,我国刑法对经济犯罪的立法模式应该采取以附属刑法规范为核心辅之以刑法典的模式,将部分立法技术成熟的、伦理性较强、不法性较高、行为客观特征相对稳定和典型的类型规定在刑法典中,而将其他的法律性质变化较频繁的、行为特征较复杂的犯罪(特别是与国家经济管制有关的行为),以附属刑法的形式规定在非刑事法律中"。[①]这样,虽然对大多数经济犯罪采取附属刑法的立法模式为妥,但对商业贿赂犯罪来说,却并非如此。如笔者前述,我国《刑法》有不少关于贿赂犯罪的规定,而且这些贿赂犯罪在客观方面都具有共同的地方:职务要件——利用职务上的便利;形式要件——索贿或受贿;利益要件——为他人谋取利益。这些都足以说明商业贿赂犯罪在我国属于立法技术成熟、不法性较高、行为客观特征相对稳定而具有类型化的犯罪,对之采取刑法典的立法模式更为合理,不仅能使商业贿赂犯罪引起人们的注意,同时也体现刑事处罚的权威性和严厉性。国外采取类似做法的,如德国,在1997年8月13日《德国反腐败法》通过之后,《德国刑法典》对此专门增加了第26章"违反竞争法的犯罪行为",将原来处于《德国反不正当竞争法》第12条的商业行贿与受贿纳入其中作为《德国刑法典》第299条的商业行

① 唐稷尧:"我国经济犯罪的立法模式选择——兼谈空白罪状内涵的解释与补充",载《四川师范大学学报》(社会科学版)2006年第6期。

贿罪和商业受贿罪。[①] 这样，德国调整商业贿赂的立法模式实现了由竞争法调整的模式到由刑法调整的模式的变动过程，实践证明这种做法确实能够更有力地打击商业贿赂犯罪。

2. 出于对法律体系变动最小的现实考虑。从我国目前所谓的附属刑法的立法情况来看，要对商业贿赂犯罪采用附属刑法的立法模式，就要避免这种立法模式形同虚设，这就要求我们在所有的附属刑法中都规定商业贿赂犯罪的罪状和法定刑。而我国目前涉及商业贿赂犯罪的非刑事法律法规有一百多部，而且其中大部分都只规定了“构成犯罪的，依法追究刑事责任”，却没有规定其罪状和法定刑。如《药品管理法》第 91 条规定：“药品的生产企业、经营企业的负责人、采购人员等有关人员在药品购销中收受其他生产企业、经营企业或者代理人给予的财物或者其他利益的，依法给予处罚，没收违法所得；构成犯罪的，依法追究其刑事责任。”类似地，《建筑法》第 68 条也规定：“在工程发包与承包中索贿、受贿、行贿，构成犯罪的，依法追究刑事责任。”这些法律法规也都没有指明应该援用的刑法条文和罪名。要使这些法律法规成为真正的附属刑法，就必须对这一百多部法律法规进行修改，对涉及商业贿赂行为的明确规定其罪状和法定刑，可以想象这是个多么浩大而又不切实际的法律修改工程。可见，对商业贿赂犯罪采用真正意义上的附属刑法的立法模式也不现实。

因此，从目前商业贿赂犯罪的刑法立法缺失、经济行政立法的充足以及我国附属刑法实际形同虚设的特点来看，对商业贿赂犯罪采

---

① 与《德国反不正当竞争法》原来的第 12 条相比，《德国刑法典》第 299 条在商业贿赂行为的实体构成要件而言，几乎未作任何变动。形式上的主要变化有两个：变化之一是将商业行贿和商业受贿的先后顺序作了调整，即第 1 款规定商业受贿，第 2 款规定商业行贿；变化之二是提高了商业贿赂的法定刑，当事人都将被处以三年以下的自由刑或者罚金。参见徐久生、庄敬华译：《德国刑法典》，中国方正出版社 2004 年版，第 144～145 页。

用刑法典的立法模式,即在刑法典中设置专门的商业贿赂犯罪条款,同时在其他涉及商业贿赂犯罪的非刑事法律法规中明确指出"构成犯罪的,依照刑法第××条商业贿赂犯罪的规定追究其刑事责任"是一种切实可行的立法模式。

第二节　刑法中商业贿赂犯罪具体立法设计

一、刑法中商业贿赂犯罪条款的内涵和体系地位

(一)商业贿赂犯罪的法条内涵

由前述可知,《刑法》第163条、第164条并没有完全反映商业贿赂犯罪的实质,《刑法》第385条至第393条又没有真正区分商业贿赂犯罪和公务贿赂犯罪,它们都只涉及商业贿赂犯罪的一部分。其后果是不同性质的犯罪被规定在同一罪名中、相同性质的犯罪又被规定在不同罪名中的混乱局面,不利于刑事立法的统一和刑事司法的适用。因此,笔者认为,应以务实的态度,基于商业贿赂犯罪的特有内涵,将现行《刑法》中体系上从属于刑法的第163条、第164条和第385条至第393条的商业贿赂行为从中分离出来,归入商业贿赂犯罪中来,从而形成有关商业贿赂犯罪的完整体系,并在《刑法》中专条立法。商业贿赂犯罪的法条内涵应包括:

1.《刑法》第163条和第164条涉及的商业贿赂行为

这里是指《刑法》第163条、第164条所包括的非国家工作人员的商业贿赂行为。其中,公司、企业作为独立的市场主体,其工作人员的职务活动涉及公司、企业运行的方方面面,包括公司、企业对内的管理行为,如人事调动、行政管理;也包括公司、企业对外参与市场竞争的经济行为,如商品购销。与公司、企业或者其他单位的工作人员有关的贿赂行为可能发生在这些对内对外活动中,但并非都

构成商业贿赂犯罪。从笔者前述的有关商业贿赂犯罪的性质来看，公司、企业的内部管理行为中所发生的贿赂行为，不具有商业交易的性质，因而不构成商业贿赂犯罪。只有公司、企业作为市场主体对外参与市场竞争，侵害公平的市场竞争秩序的贿赂行为才可能构成商业贿赂犯罪，如《刑法》第163条第2款“公司、企业或者其他单位的工作人员在经济往来中利用职务上的便利，违反国家规定，收受各种名义的回扣、手续费，归个人所有的……”和与之相对应的行贿行为。更确切地说，商业贿赂犯罪主要包括的是这部分非国有的公司、企业或者其他单位的工作人员在市场竞争中的贿赂行为。因为非国有的公司、企业是市场经济中最重要最活跃的主体，“经济人”对商业利润的追求是其内在的价值根基，为此往往不惜铤而走险，采取各种不正当的竞争手段；而且相对于国有公司、企业而言，非国有的公司、企业或者其他单位更具有不规范性以及盲目性、投机性，缺乏监督机制和法律约束，因而更容易突破种种法律防线。这些都使得非国有的公司、企业或者其他单位的工作人员在商业交易中的种种不正当竞争行为都可能成为商业贿赂犯罪的“重灾区”，因而是法律规制的主要对象。

2.《刑法》第385条至第393条涉及的商业贿赂行为

“当人们形构和界定法律概念之时，他们通常考虑的是那些能够说明某个特定概念的最为典型的情形，而不会严肃考虑那些难以确定的两可情形。”①认为商业贿赂犯罪应包括《刑法》第163条、第164条这些典型的市场经济主体的贿赂犯罪是没有争议的，但对于应否包括国有公司、企业或者其他单位工作人员的贿赂犯罪则存在争议。关于国家工作人员的贿赂行为到底该如何定罪，存在“公务论”与“身份论”的争议。从目前的争议看，“公务论”似乎得到了越

---

① ［美］E.博登海默:《法理学:法哲学与法律方法》，邓正来译，中国政法大学出版社2004年版，第505页。

来越多学者的认可。这也从另一个方面说明了同样具有国家工作人员这一"身份",但如果从事的不是"公务",也可能构成商业贿赂犯罪,而非一概以公务贿赂犯罪论处。详细而言,对于在行使公共权力过程中的受贿行为,如国家机关工作人员的受贿行为,应以受贿罪论处。而对于在国有公司、企业、事业单位、人民团体中从事的"公务",则应区别对待:对于那些垄断性的国有独资企业、国有公用企业、管理性事业单位(如中国人民银行领导下的"银监会"、"证监会"、"保监会")以及政治性极强的人民团体才真正属于是从事"公务"、行使公共权力;而对丁竞争性的国有公司、企业、事业单位则一般不属于从事"公务",行使的是社会权力,提供的是营利性的社会服务。由此可见,同属国有公司、企业、事业单位,行使权力的实质却并不相同,对于前一种国有单位中从事公务的人员受贿的,应以受贿罪论处;对于后一种国有单位中受贿的人员,则应以商业受贿罪论处。① 而我国《刑法》第八章有关受贿罪的规定,对两者不加区分,一律以公务受贿罪加以处罚,反映了立法思想上的保守。应该看到,现代社会的商业活动遍及社会生活的各个方面,国家工作人员作为民事主体在商业交易中收受贿赂的行为也时有发生,将商业领域发生的国家工作人员的贿赂犯罪归属于商业贿赂犯罪,既符合我国的实际情况,也有利于从整体上加强对商业贿赂犯罪的治理。

(二)商业贿赂犯罪的体系地位

我国《刑法》分则根据犯罪同类客体的原理对犯罪进行分类,是某罪的客体决定了该罪在《刑法》分则中应处的体系地位,而不是其所处的体系地位决定了该罪的客体。有鉴于商业贿赂犯罪所侵犯的客体是公平市场竞争秩序,应将其归属于《刑法》分则第三章第八节的"扰乱市场秩序罪"中,因为分则第三章的同类客体是正常的市场秩序,即市场主体在进入市场、参与交易、进行市场竞争时必须遵

---

① 刘远:"商业贿赂犯罪的概念与立法",载《华东政法学院学报》2006年第5期。

循的经济准则和由此形成的有序状态,包括了公平的市场竞争秩序。[①] 此外,我国《反不正当竞争法》所列举的11种不正当竞争行为中包括了商业贿赂行为、虚假广告行为、商业诽谤行为和串通投标行为。刑法作为其他法律的保护法,对严重违反《反不正当竞争法》的行为应加以处罚。因此,在分则第三章第八节的"扰乱市场秩序罪"中包括了虚假广告罪、损害商业信誉、商品声誉罪和串通投标罪。而商业贿赂犯罪和它们在本质上有共同之处,都侵害了公平的市场竞争秩序,严重违反了《反不正当竞争法》,应受刑法处罚,因此,将商业贿赂犯罪和它们规定在《刑法》分则的同一章节中才更为合理。我国有学者也认为,商业贿赂犯罪所侵害的是商业信用和市场竞争法则,主张将商业贿赂犯罪置于《刑法》分则第三章第八节"扰乱市场秩序罪"中,这样更能揭示商业贿赂犯罪的危害实质及其侵害法益,进而更加准确地体现商业贿赂犯罪的立法精神,从而为该罪的相关立法规定在司法实践中的正确适用奠定良好的基础。[②]

这样,我国的贿赂犯罪体系就演变为依据犯罪客体的不同而形成的侵犯公职行为廉洁性的公务贿赂犯罪和侵犯公平市场竞争秩序的商业贿赂犯罪两大类,同时应废除《刑法》第163条、第164条有关非国家工作人员的贿赂犯罪的规定。因为非国家工作人员的贿赂犯罪所能涉及的其实就是两个方面的贿赂行为:一是非国家工作人员作为市场主体在商业交易中从事的贿赂行为,这属于商业贿赂犯罪的范畴;二是非国家工作人员在单位内部行政管理、人事安排等方面所发生的贿赂行为,对这部分行为,应当作为一般的违法行为交由单位内部或行业协会处理,没必要作为贿赂犯罪处理。

---

① 王作富主编:《刑法分则实务研究》,中国方正出版社2003年版,第863页。

② 田宏杰:"商业贿赂的定性及法律适用",载《法律适用》2006年第9期。

二、商业贿赂犯罪的罪状分析

(一)目前有关商业贿赂犯罪的罪状表述

商业贿赂犯罪的罪状表述与商业贿赂犯罪的概念是紧密相连的。从前述第一章有关商业贿赂犯罪的概念之争来看,不同的学者对商业贿赂犯罪所持的见解并不相同,因而对商业贿赂犯罪的罪状表述也不尽相同,可以说有多少个学者就有多少个商业贿赂犯罪罪状,要在此完全罗列各种罪状表述也不实际。由于笔者主张前述第三种意义上的商业贿赂犯罪概念,即商业贿赂犯罪是发生在商业交易中平等市场主体之间的贿赂行为,我国赞成这种观点的学者也不在少数,前述商业贿赂犯罪的构成要件也都是针对该种意义上的商业贿赂犯罪展开的,因此,笔者在此仅罗列此种意义上的商业贿赂犯罪罪状表述。目前国内主要有如下观点:

1. 认为商业贿赂犯罪是指所有社会实体在经济、金融或者商业活动中的贿赂行为,此种意义上的商业贿赂犯罪相当于《联合国反腐败公约》规定的私营部门内部的贿赂犯罪。虽然该学者没有明确陈述商业贿赂犯罪的罪状,但认为“不正当好处”、“违背职责”、“为了获取竞争优势”三个要素应当是构成该罪的必要条件。①

2. 认为商业贿赂犯罪是相对于公务贿赂犯罪而言,在市场交易过程中发生的以社会权力寻租与租用为本质而与公共权力寻租与租用无直接关系的贿赂犯罪。②

3. 认为商业贿赂是指商事活动主体在从事商品生产、商品流通

---

① 卢建平、张旭辉:“商业贿赂的刑法规制——以私营部门为例”,载《法学杂志》2007年第1期。

② 刘远:“商业贿赂犯罪的概念与立法”,载《华东政法学院学报》2006年第5期。

和商品服务过程中,为了排挤竞争对手、获取交易机会、赢得竞争优势、谋取商业利益而故意采取各种财产性或非财产性贿赂手段侵害正常市场经济秩序的行为。①

4. 认为商业贿赂犯罪应被界定为:在市场交易活动中,经营者以获得商业交易机会或者有利的交易条件为目的,给予交易对方有关人员或者能够影响交易的其他相关人员以财物或其他好处,数额较大或者情节严重的行为(商业行贿罪);交易对方有关人员或者能够影响交易的其他相关人员向经营者索取或者收受财物,为经营者提供商业交易机会或者有利的交易条件,数额较大或者情节严重的行为。②

上述观点都在一定程度上反映了商业贿赂犯罪的本质,有值得借鉴的地方,也存在一定缺陷。第一种观点抓住了商业贿赂犯罪是发生在"经济、金融或者商业活动中"以及必须具备"不正当好处"、"违背职责"、"为了获取竞争优势"三个要件,但该罪状表述并不全面。第二种观点虽然认识到了商业贿赂犯罪是市场交易过程中发生的以社会权力寻租与租用为本质而与公共权力寻租与租用无直接关系的贿赂犯罪,但并没有对商业贿赂犯罪的罪状进行详细描述。第三种、第四种观点对商业贿赂犯罪的罪状表述较为全面,但过于详细而显烦琐。此外,上述四个罪状描述都忽略了商业贿赂犯罪作为一种行政犯,总是以违反一定的经济行政法规为前提的,因而都未能表述"违反竞争法规定"的特征。

(二)商业贿赂犯罪罪状表述的确定

罪状是指立法者在刑法分则式条文中对具体犯罪构成要件和升

---

① 程宝库、欧阳福军:"论我国反商业贿赂立法之缺失与完善",载《政法学刊》2006年第3期。

② 魏昌东、陈磊:"商业贿赂罪:从学理罪名向法定罪名之转化",载《首都师范大学学报》(社会科学版)2006年第6期。

降法定刑档次条件的类型化表述。① 罪状的构成要件要素包括犯罪的客体要件要素(刑法分则的罪状一般不对犯罪客体要件加以表述,只是部分罪状对犯罪的客体要件加以表述)、犯罪的客观要件要素、犯罪的主体要件要素和犯罪的主观要件要素。此外,还存在于情节犯中的综合性要件要素,虽然它也可以分解开来,大致归入前述四个要件中,但出于立法技术、立法模式、立法传统的影响,立法者专门在某些罪状中增设相对独立的综合性要件,如"情节严重"、"情节恶劣"。② 罪状的表述必须明确,"罪状的明确性程度直接决定和影响着刑法的刑事调控范围,即刑事法律中所规定的可以构成犯罪应被追究刑事责任的行为范围"。③ 这就要求我们在罪状表述时必须注意两种情况:一是条文的罪状的表述必须明确,才能使立法宗旨和刑罚权的范围明确;二是条文的罪状又不能过于详尽,否则有碍刑法的精简原则。因此,罪状表述的明确性是相对的,而非绝对的。

商业贿赂犯罪的罪状必须全面准确地反映出商业贿赂犯罪的本质,同时也必须考虑到商业贿赂犯罪作为经济犯罪的现实立法问题。因而,笔者主张采用叙明罪状的方式来表述商业贿赂犯罪:违反竞争法规定,在商业交易过程中,经营者以获得不正当竞争优势为目的,给予交易对方有关人员或者能够影响交易的其他相关人员以贿赂,情节严重的行为(商业行贿罪);交易对方有关人员或者能够影响交易的其他相关人员向经营者索取或者收受贿赂,为经营者提供不正当竞争优势,情节严重的行为(商业受贿罪)。这里采用的是叙明罪状中"主体要件 + 行为要素 + 对象要素 + 综合性要件"的结构。

---

① 刘树德:《罪状建构论》,中国方正出版社2002年版,第25页。

② 李海东:《刑法原理入门》(犯罪论基础),法律出版社1997年版,第38~39页。

③ 陈正云:《刑法的经济分析》,中国法制出版社1997年版,第35页。

1."违反竞争法规定"的性质问题

商业贿赂犯罪作为一种行政犯,必然以违反其他经济行政法规的规定为前提。从我国目前有关商业贿赂犯罪的经济行政法律法规来看,有一百多部,涉及各个领域,而且可以预见,随着经济的发展和新兴行业的不断产生,规制这些行业的经济行政法规也日益增多,有关商业贿赂犯罪的经济行政法规也会不断增加,这使得我们很难从整体上对这些经济行政法规做一个界定。但商业贿赂犯罪只涉及这些法规中有关市场竞争的部分,因此,我们可以将其笼统地规定为"违反竞争法规定"。而前述学者关于商业贿赂犯罪罪状的表述显然忽视了该罪行政犯的特点。

需要指出的是,有学者主张,在商业贿赂犯的罪状设计中采用空白罪状的方式,例如"违反×××法规"。① 笔者认为,在商业贿赂犯罪中并不需要采用空白罪状的立法方式,或者说在商业贿赂犯罪的罪状表述中也会有"违反×××法规"表述,但这并非就是空白罪状。一般说来,"空白罪状能独立存在的最实质理由在于刑法条文中规定的具体犯罪构成行为要件的确定须参照其他相关规范或制度,而不在于刑法条文是否对具体犯罪构成客观方面要件作出了描述"。② 因此,即使罪状中包含了"违反××× 法规"之类的表述,并不一定就是空白罪状,而罪状中未包含"违反××× 法规"之类的表述,未必就不是空白罪状。事实上,在奉行单轨制刑事立法模式的我国,由于缺少真正意义上的附属刑法规范,大量的空白罪状立法技术被运用到经济犯罪的立法中,那些经济犯罪条文中需要运用其他法律的内容进行补充的空白部分,基本上都属于有关经济行为

---

① 张淑瑛:"'反商业贿赂犯罪'聚焦四大问题",载《检察日报》2006年3月26日第4版。

② 刘树德:《罪状建构论》,中国方正出版社2002年版,第344页。

客观方式的描述。① 但如笔者前述，商业贿赂行为的客观构成要件，如利用职务之便、索取或收受贿赂、为他人谋利益，在刑法典就能明确规定，完全不需要再到刑法典之外的其他经济行政法规中去寻找。因此，即使在商业贿赂犯罪的罪状中存在"违反竞争法规定"的表述，但这也并不就是空白罪状。类似地，我国《刑法》中不少条文都有"违反×××规定"的表述，但并不是空白罪状。如《刑法》第288条第1款之罪状"违反国家规定，擅自设置、使用无线电台（站）或者擅自占用频率，经责令停止使用后拒不停止使用，干扰无线电通讯正常进行，造成严重后果"，就是叙明罪状，而不是空白罪状。因为该条关于干扰无线电通讯管理秩序罪的具体行为要件已经被刑法条文本身规定得很详细，不需要再参考其他相关法规来确定。

2. 商业贿赂犯罪中叙明罪状结构分析

一般认为，叙明罪状具有以下特征："一是典型性，即叙明罪状最能反映基本罪状特征，是最能充分地体现安置具体犯罪构成要件住所功能的罪状；二是充足性，即不需要援引其他刑法条文来补充具体犯罪构成要件，也不要参照其他法律法规来确定具体犯罪构成要件；三是超罪名性，即叙明罪状不仅对具体犯罪构成的要件加以类型化表述，而且对具体犯罪构成要件的要素加以具体的描述，因而，叙明罪状所反映的具体犯罪构成要件已超出其相应罪名所能反映的具体犯罪构成要件。"②

之所以对商业贿赂犯罪采用叙明罪状，是因为贿赂犯罪在我国《刑法》分则中作为一种类型化的犯罪已经大致形成了约定俗成的表述方式，在立法技术上也比较成熟，采用叙明罪状能够更好地体现该类罪的特征。从前述笔者关于商业贿赂犯罪的构成要件来看，

---

① 唐稷尧："我国经济犯罪的立法模式选择——兼谈空白罪状内涵的解释与补充"，载《四川师范大学学报》（社会科学版）2006年第6期。

② 刘树德：《罪状建构论》，中国方正出版社2002年版，第266页。

在商业行贿罪中,行贿主体是经营者,主观上是以竞争为目的,客观上表现为给予对方贿赂;在商业受贿罪中,受贿主体是能够影响商业交易的人员,包括交易对方的相关人员以及能够对商业交易起到影响作用的其他人员,客观上表现为索取或收受行贿人的贿赂,为行贿人谋取不正当竞争优势的行为。而且,无论是商业行贿罪还是商业受贿罪,都必须情节严重才能构成犯罪,因而在罪状表述中也不能忽略这个要件。因此,在商业贿赂犯罪的罪状表述中,都必须对这些构成要件以尽可能简洁的方式进行概括并陈述出来。综上,笔者主张将商业贿赂犯罪的罪状表述为:违反竞争法规定,在商业交易过程中,经营者以获得不正当竞争优势为目的,给予交易对方有关人员或者能够影响交易的其他相关人员以贿赂,情节严重的行为(商业行贿罪);交易对方有关人员或者能够影响交易的其他相关人员向经营者索取或者收受贿赂,为经营者提供不正当竞争优势,情节严重的行为(商业受贿罪)。

此外,叙明罪状所类型化的具体犯罪构成要件及要素在罪状中的位置并不是固定不变的,每个国家刑法中罪状的法言法语都是遵循本国的语言规律来安排的。我国刑法的叙明罪状在一般情况下,都按照犯罪主体要件、犯罪主观要件、犯罪客观要件(包括行为要素、方法要素、时间要素、地点要素、对象要素)、犯罪客体要件、综合性要件的顺序来安置具体犯罪的构成要件及其要素。但在某些情况下,由于立法技术的原因,或者是出于立法习惯的考虑,个别构成要件上并不完全遵循上述普遍规律。[①] 在商业贿赂犯罪中,采用的是叙明罪状中"主体要件 + 行为要素 + 对象要素 + 综合性要件"的结构,这与我国叙明罪状的表述惯例是一致的,更能为人所接受。

① 刘树德:《罪状建构论》,中国方正出版社2002年版,第271页。

三、商业贿赂犯罪的刑罚设计

由于笔者这里所说的商业贿赂犯罪是指发生在商业交易中区别于公务贿赂犯罪而言的一种经济犯罪，因此，不少学者认为适用于公务贿赂犯罪的死刑，并不适用于这里所讨论的商业贿赂犯罪，[①]故在此不作讨论。

与公务贿赂犯罪的自由刑、财产刑并重的法定刑配置不同，商业贿赂犯罪应采取轻自由刑、重财产刑，这源于商业贿赂犯罪作为一种经济犯罪的贪利性特征。此外，鉴于商业贿赂犯罪的职务犯罪特征，可适当配置一定的资格刑，以剥夺罪犯的再犯能力。由于我国《刑法》分则中并没有商业贿赂犯罪的罪名和法定刑，因此，以下有关商业贿赂的刑事责任的研究都是在借鉴其他国家立法的基础上结合我国实际情况来进行讨论的。

(一)商业贿赂犯罪的自由刑配置

所谓自由刑是以剥夺或限制犯罪人人身自由为重要内容的刑罚方法，因为适用范围较广而在我国刑罚体系中处于核心地位。对于商业贿赂犯罪而言，自由刑不仅能体现国家对罪犯的危害行为应有的惩罚，而且可以在一定期限内剥夺罪犯再犯的能力，因而各国刑罚都对商业贿赂犯罪规定了自由刑。如《芬兰刑法典》第30章的“商业犯罪”中第7条和第8条分别规定了商业行贿罪和商业受贿罪，并且都处以罚金或2年以下的监禁。《瑞典刑法典》第20章“滥用职位罪及其他”中第2条规定：雇员就履行职责之事项收受他人给予或承诺给予的贿赂或其他不当报酬，或者向他人索取贿赂或其他不当报酬，以受贿罪处罚金或2年以下监禁。雇员在获得职位前

---

① 邓中文、张万兵：“论商业贿赂的刑法治理”，载《东岳论丛》2007年第6期。

或离开职位后实施该行为的,同样适用本规定。犯罪严重的,处6年以下监禁。《德国刑法典》第299条规定对商业行贿罪和商业受贿罪同样处以3年以下的自由刑或罚金刑,第300条规定对犯罪情节特别严重的处以3个月以上5年以下自由刑。

由上述各国有关商业贿赂犯罪的自由刑规定来看,各国对商业贿赂犯罪并没有处以期限较长的自由刑,而是采取了短期自由刑作为罚金刑的替代措施。对于我国商业贿赂犯罪自由刑的期限,笔者认为,应该参考《刑法》第三章破坏社会主义市场经济秩序罪中第八节扰乱市场秩序罪中损害商业信誉、商品声誉罪、虚假广告罪、串通投标罪等罪的自由刑期限来确定。因为这几个罪名都是我国《反不正当竞争法》中的不正当竞争行为,他们在社会危害性上存在共性,在刑罚处罚上也应该相同。从我国目前的立法来看,《刑法》第221条所规定的损害商业信誉、商品信誉罪和第222条虚假广告罪都是处2年以下有期徒刑或拘役,第219条侵犯商业秘密罪和第223条串通投标罪都是处以3年以下有期徒刑或者拘役(第219条另外规定了"造成特别严重后果的,处三年以上七年以下有期徒刑")。立法者在设置商业贿赂犯罪的自由刑时,可以参考这几个罪名来量定。

(二)商业贿赂犯罪的财产刑配置

我国《刑法》规定的财产刑包括没收财产和罚金。对商业贿赂犯罪这种贪利性犯罪,在适用轻自由刑的同时,加重财产刑的处罚,可对罪犯起到威慑和惩罚作用,这也是目前世界各国刑罚的发展趋势。如日本的《商法》、《有限公司法》、《破产法》、《证券交易法》等经济法中,对商业贿赂犯罪也广泛规定了罚金刑。[1] 由于我国《刑法》规定的没收财产是一种较为严厉的刑罚方法,只适用于危害国

---

[1] 陈家林:"日本刑法中的商业贿赂犯罪及对我国的启示",载《山东警察学院学报》2006年第3期。

家安全的犯罪和严重的贪利性犯罪，因此，对于商业贿赂犯罪适用没收财产可能导致刑罚过剩，笔者在此仅主张对商业贿赂犯罪适用罚金刑。

罚金刑是法院判处犯罪人向国家缴纳一定数额金钱的刑罚方法。罚金刑的适用不仅与犯罪的社会危害性相关，而且与犯罪性质也密切联系。从我国目前罚金刑的适用来看，主要是适用于过失犯罪、贪利犯罪和法人犯罪。我国《刑法》中规定罚金刑的条文有125个，其中绝大多数是适用于3年以下有期徒刑、拘役或管制的轻罪，在刑法第三章破坏社会主义市场经济秩序罪中就有不少条文规定了罚金刑。[①] 如前述《反不正当竞争法》所规定的几个不正当竞争行为构成犯罪的，其刑事责任也都规定了并处或单处罚金。如《刑法》第221条所规定的损害商业信誉、商品信誉罪，第222条虚假广告罪和第223条串通投标罪，都是在规定自由刑的同时，规定并处或单处罚金。因此，笔者主张对商业贿赂犯罪这种典型的贪利犯罪，在规定自由刑的同时，也应该规定并处或单处罚金。

（三）商业贿赂犯罪的资格刑配置

在商业贿赂犯罪中，商业受贿罪是一种职务犯罪，其主体是具备特定职务的人，而商业行贿罪的主体往往是从事一定商品经营活动的市场主体，因此，商业贿赂犯罪主体都必须是有一定职业能力者。对商业贿赂犯罪适用资格刑，明确取消犯罪主体在一定限度内再度从事特定职业的可能，无疑具有相当的现实功能和远期效应。因为商业贿赂犯罪主体一旦被判处资格刑，就意味着被暂时甚至永久逐出市场以及有关领域，丧失继续实施商业贿赂犯罪的机会。因此，很多国家都对商业贿赂犯罪配置了资格刑，即使没有配置资格刑，也会给予相当于资格刑的行政制裁。例如，根据美国管理预算部颁发的实施指南，“任何违反《反海外腐败法》的个人或公司将被中止

① 马克昌主编：《刑罚通论》，武汉大学出版社2002年版，第208~211页。

参与政府采购的资格。如其非法行为被法院判决确认，将失去出口资质。美国证监会还可能禁止其参与证券业务。”①

我国《刑法》规定的资格刑是指剥夺犯罪人享有或行使一定权利的资格的刑罚，在我国主要是剥夺政治权利。根据我国《刑法》第54条的规定，剥夺政治权利是剥夺下列权利：(1)选举权和被选举权；(2)言论、出版、集会、结社、游行、示威自由的权利；(3)担任国家机关职务的权利；(4)担任国有公司、企业、事业单位和人民团体领导职务的权利。由于我国规定的这种资格刑存在功能上的错位，使资格刑的独特作用受到抑制，尤其是对商业贿赂犯罪来说，适用资格刑会导致“刑罚过剩”和“刑罚不足”。

其中，“刑罚过剩”主要是因为法律规定前述的四项内容必须同时适用，因而我国剥夺政治权利适用的犯罪的类型，不论附加适用(对危害国家安全的犯罪分子和对判处死刑、无期徒刑的犯罪分子应当附加适用剥夺政治权利)还是独立适用(对危害国家安全罪、侵犯公民人身权利、民主权利罪、妨害社会管理秩序罪、危害国防利益罪这四类犯罪可独立适用剥夺政治权利)，都是针对罪刑严重的犯罪。因此，对于商业贿赂犯罪这种经济犯罪来说，只要剥夺罪犯从事一定商事交易的职业能力即可，而同时剥夺这四项权利显然没有必要，会导致“刑罚过剩”。

而“刑罚不足”则主要是指剥夺政治权利并不能有效地惩治商业贿赂犯罪，主要表现在：(1)剥夺政治权利作为《刑法》中唯一的资格刑，但其中“担任国家机关职务的权利”和“担任国有公司、企业、事业单位和人民团体领导职务的权利”两项规定，将私营企业等经济主体排除在外，导致实践中出现原国企负责人可利用原有的地位和关系而得到私营企业等经济实体的青睐和重用；(2)由于对商业

① 周振杰：“美国反商业贿赂的经验与启示”，载《中国党政干部论坛》2006年第6期。

贿赂犯罪这种经济犯罪处罚较轻，一般情况下不可能附加剥夺政治权利，使资格刑的远期效应发挥不充分；（3）我国《公司法》等经济法律规定董事长、监事等人员在经济活动中犯罪的，其再次任职的资格将受到限制。从某种角度讲，这也是一种资格罚，但这种资格罚并没上升到刑罚的高度，因而缺乏较强的威慑力。①

从我国目前的立法来看，《刑法》对资格刑的规定仅限于剥夺政治权利，而对从事某种职业的限制《刑法》并没有规定，而是散见于少数商法、经济法的相关立法中，如《公司法》对董事、经理的任职资格的限制以及《商业银行法》对高级管理人员的任职限制。因此，笔者主张对我国资格刑的内容进行分解，使其四项内容可单独适用，并充实资格刑，如针对商业贿赂犯罪主体的经营者身份，根据贿赂情节对单位犯罪分别判处取消上市公司资格、取消证券交易资格和取消经营某项产品的资格；对自然人犯罪可并处禁止一定时期内从事经营活动或担任经济组织之管理人员，以此消除商业贿赂犯罪主体“利用职务之便”的行为基础，从而有效地预防再犯。②

---

① 黄渝景：“论对商业贿赂犯罪的刑罚配置”，载《政治与法律》2006 年第 5 期。

② 黄渝景：“论对商业贿赂犯罪的刑罚配置”，载《政治与法律》2006 年第 5 期。

参考文献

一、著作类

1. 马克昌:《比较刑法原理——外国刑法学总论》,武汉大学出版社 2002 年版。

2. 马克昌主编:《犯罪通论》,武汉大学出版社 2001 年版。

3. 高铭暄、马克昌主编:《刑法学》,北京大学出版社、高等教育出版社 2000 年版。

4. 张明楷:《外国刑法纲要》(第 2 版),清华大学出版社 2007 年版。

5. 张明楷:《刑法学》(第 3 版),法律出版社 2007 年版。

6. 张明楷:《市场经济条件下的经济犯罪与对策》,中国检察出版社 1995 年版。

7. 刘艳红主编:《刑法学总论》(第 2 版),北京大学出版社 2006 年版。

8. 刘艳红主编:《刑法学各论》(第2版),北京大学出版社2006年版。

9. 许发民:《刑法的社会文化分析》,武汉大学出版社2004年版。

10. 许发民:《刑法文化与刑法现代化研究》,中国方正出版社2001年版。

11. 刘艳红:《开放的犯罪构成要件理论研究》,中国政法大学出版社2002年版。

12. 刘艳红:《罪名研究》,中国方正出版社2000年版。

13. 刘明祥:《财产罪比较研究》,中国政法大学出版社2001年版。

14. 赵秉志主编:《刑法基础理论探索》,法律出版社2003年版。

15. 赵秉志主编:《犯罪总论问题探索》,法律出版社2003年版。

16. 李立众整理:《刑法一本通》,法律出版社2006年版。

17. 胡康生主编:《〈中华人民共和国反不正当竞争法〉释义》,法律出版社1994年版。

18. 张明楷:《刑法分则解释原理》,中国人民大学出版社2004年版。

19. 王作富主编:《刑法分则实务研究》(上、下),中国方正出版社2001年版。

20. 周林彬、任先行:《比较商法导论》,北京大学出版社2000年版。

21. 王昌学主编:《市场经济犯罪纵横论》,法律出版社2001年版。

22. 孙国祥、魏昌东:《经济刑法研究》,法律出版社2005年版。

23. 张天虹:《经济犯罪新论》,法律出版社2004年版。

24. 蒋勇主编:《破坏社会主义市场经济秩序罪》,法律出版社2000年版。

25. 张国轩:《商业犯罪研究》,经济管理出版社 2001 年版。

26. 黄京平主编:《破坏市场经济秩序罪研究》,中国人民大学出版社 1999 年版。

27. 杨新国:《贪污贿赂罪法律与司法解释应用问题解疑》,中国检察出版社 2002 年版。

28. 王世洲:《德国经济犯罪与经济刑法研究》,北京大学出版社 1999 年版。

29. 胡康生、李福成主编:《中华人民共和国刑法释义》,法律出版社 1997 年版。

30. 陈正云、文盛堂主编:《贪污贿赂犯罪认定与侦查实务》,中国检察出版社 2002 年版。

31. 孟庆华:《受贿罪研究新动向》,中国方正出版社 2005 年版。

32. 房清侠等:《刑法理论问题专题研究》,中国人民公安大学出版社 2003 年版。

33. 施天涛:《商法学》,法律出版社 2004 年版。

34. 覃有土主编:《商法学》,高等教育出版社 2003 年版。

35. 秦瑞基、胡常龙主编:《商业贿赂犯罪问题研究》,山东大学出版社 2007 年版。

36. 龚培华、肖中华:《刑法疑难争议问题与司法对策》,中国检察出版社 2002 年版。

37. 邵建东:《德国反不正当竞争法研究》,中国人民大学出版社 2001 年版。

38. 童伟华:《受贿罪构造》,兰州大学出版社 2004 年版。

39. 程宝库:《商业贿赂——社会危害性及其治理对策》,法律出版社 2006 年版。

40. 程宝库:《商业贿赂——全球治理对策研究》,法律出版社 2006 年版。

41. 詹复亮:《治理商业贿赂简明读本》,人民出版社 2006 年版。

42. 甄贞等:《〈联合国反腐败公约〉与国内法协调机制研究》,法律出版社 2007 年版。

43. 种明钊:《竞争法》,法律出版社 2005 年版。

44. 种明钊:《竞争法学》,高等教育出版社 2002 年版。

45. 孔祥俊:《反不正当竞争法新论》,人民法院出版社 2001 年版。

46. 廖福田:《受贿罪纵览与探究——从理论积淀到实务前沿》,中国方正出版社 2007 年版。

47. 孔祥俊:《反不正当竞争法的适用与完善》,法律出版社 1998 年版。

48. 徐久生、庄敬华译:《德国刑法典》,中国方正出版社 2004 年版。

49. 最高人民检察院职务犯罪预防厅编译:《国际预防腐败犯罪法律文件选编》,何家弘审校,法律出版社 2002 年版。

50. 徐燕:《公司法原理》,法律出版社 1997 年版。

51. 冯小华:《公司经济犯罪研究》,中国方正出版社 2005 年版。

52. 肖怡译:《芬兰刑法典》,北京大学出版社 2005 年版。

53. 黄赤东、孔祥俊主编:《反不正当竞争法及配套规定新释新解》,人民法院出版社 2001 年版。

54. 卢建平:《刑事政策与刑法》,中国人民大学出版社 2004 年版。

55. 赵秉志主编:《和谐社会的刑事法治》(下卷:商业贿赂犯罪研究),中国人民公安大学出版社 2006 年版。

56. 李海东:《刑法原理入门》(犯罪论基础),法律出版社 1997 年版。

57. 陈正云:《刑法的经济分析》,中国法制出版社 1997 年版。

58. 陈兴良:《刑法哲学》,中国政法大学出版社 1992 年版。

59. 侯国云、白岫云:《新刑法疑难问题解析与适用——兼论新刑法中的矛盾与缺陷》,中国检察出版社 1998 年版。

60. 刘宪权主编:《中国刑法理论前沿问题研究》,人民出版社 2005 年版。

61. 游伟主编:《刑法理论与司法问题研究》,上海文艺出版社 2001 年版。

62. 李国如:《罪刑法定原则视野中的刑法解释》,中国方正出版社 2001 年版。

63. 童伟华:《犯罪客体研究——违法性的中国语境分析》,武汉大学出版社 2005 年版。

64. 刘家琛主编:《新刑法常用罪认定与处理》(上册),人民法院出版社 1998 年版。

65. 陈立主编:《财产、经济犯罪专论》,厦门大学出版社 2004 年版。

66. 高铭暄主编:《新型经济犯罪研究》,中国方正出版社 2000 年版。

67. 裴广川主编:《经济犯罪的认定与处罚》(下),吉林人民出版社 2002 年版。

68. 蒋勇主编:《破坏社会主义市场经济秩序罪》,法律出版社 2000 年版。

69. 张国轩:《商业犯罪研究》,经济管理出版社 2001 年版。

70. 黄京平主编:《破坏市场经济秩序罪研究》,中国人民大学出版社 1999 年版。

71. 胡康生、李福成主编:《中华人民共和国刑法释义》,法律出版社 1997 年版。

72. 杨兴培:《犯罪构成原论》,中国检察出版社 2004 年版。

73. 肖中华:《犯罪构成及其关系论》,中国人民大学出版社 2000 年版。

74. 曾宪信等:《犯罪构成论》,武汉大学出版社 1988 年版。

75. 何秉松:《犯罪构成系统论》,中国法制出版社 1995 年版。

76. 曲新久:《刑法的精神与范畴》,中国政法大学出版社 2000 年版。

77. 刘树德:《罪状建构论》,中国方正出版社 2002 年版。

78. 储槐植、宗建文:《刑法机制》,法律出版社 2004 年版。

79. 梁根林:《刑事法网:扩张与限缩》,法律出版社 2005 年版。

80. 张天虹:《经济犯罪新论》,法律出版社 2004 年版。

81. 刘树德:《空白罪状——界定、追问、解读》,人民法院出版社 2002 年版。

82. 范健、王建文:《商法的价值、源流及本体》,中国人民大学出版社 2004 年版。

83. 张民安:《商法总则制度研究》,法律出版社 2007 年版。

84. 单飞跃:《经济法理念与范畴的解析》,中国检察出版社 2002 年版。

85. 赵万一:《商法基本问题研究》,法律出版社 2002 年版。

86. 谢晓尧:《竞争秩序的道德解读》,法律出版社 2005 年版。

87. 邓正来、[美]杰弗里 · 亚历山大主编:《国家与市民社会》(增订版),世纪出版集团、上海人民出版社 2006 年版。

88. 张国键:《商事法论》,三民书局 1980 年版。

89. 廖义男:《公平交易法之理念与立法》,三民书局 1995 年版。

90. 林山田:《经济犯罪与经济刑法》,三民书局 1982 年版。

91. 赖源河:《公平交易法新论》,月旦出版社股份有限公司 1997 年版。

92. [美] E. 博登海默:《法理学:法哲学与法律方法》,邓正来译,中国政法大学出版社 2004 年版。

93. [美]戴维 · J. 格伯尔:《二十世纪欧洲的法律与竞争》,冯克利、魏志梅译,中国社会科学出版社 2004 年版。

94. [日]东京法思株式会社编:《商法适用》(中译本),复旦大学出版社 1993 年版。

95. [日]富永健一:《经济社会学》(中译本),南开大学出版社 1984 年版。

96. [日]芝原邦尔:《经济刑法》,金光旭译,法律出版社 2002 年版。

97. [日]西田典之:《日本刑法各论》,刘明祥、王昭武译,武汉大学出版社 2005 年版。

98. [日]野村稔:《刑法总论》,全理其、何力译,法律出版社 2001 年版。

99. [日]曾根威彦:《刑法学基础》,黎宏译,法律出版社 2005 年版。

100. [日]小野清一郎:《犯罪构成要件理论》,王泰译,中国人民公安大学出版社 2004 年版。

101. [日]西原春夫:《刑法的根基与哲学》,顾肖荣等译,法律出版社 2004 年版。

102. [日]大冢仁:《犯罪论的基本问题》,冯军译,中国政法大学出版社 1993 年版。

103. [日]大塚仁:《刑法概说》(总论),冯军译,中国人民大学出版社 2003 年版。

104. [日]泷川幸辰:《犯罪论序说》,王泰译,法律出版社 2005 年版。

105. [韩] 李在祥:《韩国刑法总论》,韩相敦译,中国人民大学出版社 2005 年版。

106. [意]杜里奥·帕多瓦尼:《意大利刑法学原理》,陈忠林译评,中国人民大学出版社 2004 年版。

107. [前苏联]A. H. 特拉伊宁:《犯罪构成的一般学说》,中国人民大学出版社 1958 年版。

108. [意]贝卡里亚:《论犯罪与刑罚》, 黄风译,中国大百科全书出版社 1993 年版。

109. [德]汉斯·海因里希·耶赛克、托马斯·魏根特:《德国刑法教科书》,徐久生译,中国法制出版社 2001 年版。

110. [美]道格拉斯·N. 胡萨克:《刑法哲学》,谢望原等译,中国人民公安大学出版社 2004 年版。

111. [英]J. C. 史密斯、B. 霍根:《英国刑法》,马清升等译,法律出版社 2000 年版。

112. [美]马歇尔·C. 霍华德:《美国反托拉斯法与贸易法规》,孙南申译,中国社会科学出版社 1991 年版。

二、论文类

1. 刘大洪、廖建求:"论市场规制法的价值",载《中国法学》2004 年第 2 期。

2. 郑友德、杨国云:"现代反不正当竞争法中'竞争关系'之界定",载《法商研究》2002 年第 6 期。

3. 童德华:"完善反商业贿赂犯罪立法之思考",载《山东警察学院学报》2006 年第 3 期。

4. 蒋安杰、李立:"反商业贿赂三人谈",载《法制日报》2006 年 8 月 31 日第 9 版。

5. 张翔飞:"商业受贿罪研究",载《现代法学》1997 年第 6 期。

6. 冯亚东:"刑法学研究的层面划分",载《法学研究》2001 年第 3 期。

7. 龚培华:"商业贿赂犯罪研究",载《法学》2006 年第 7 期。

8. 王振川:"关于治理商业贿赂的若干问题",载《中国法学》2006 年第 4 期。

9. 阮传胜:"建议设立公司、企业、其他组织人员受贿罪",载

《法学》2003 年第 10 期。

10．刘峥："商业贿赂犯罪立法缺陷探析"，载《法律适用》1998 年第 4 期。

11．刘远："商业贿赂犯罪的概念与立法"，载《华东政法学院学报》2006 年第 5 期。

12．王斗斗："医生吃回扣以受贿罪定罪引发争议"，载《法制日报》2005 年 6 月 14 日第 4 版。

13．康瑛："医药购销领域有关商业贿赂行为的定性研究"，载《法律适用》2006 年第 9 期。

14．吴巧瑜："论与市场经济、民主政治良性互动的市民社会"，载《广东行政学院学报》2005 年第 6 期。

15．曲新久："惩治商业贿赂犯罪的基本思路"，载《华东政法学院学报》2006 年第 5 期。

16．吴钩："人情社会与商业贿赂"，载《南方周末》2006 年 3 月 19 日第 8 版。

17．罗洪洋："腐败何以不为'罪'——对中国传统社会官员贪贿横行的法文化解释"，载《法制与社会发展》2007 年第 1 期。

18．何仁利："对国有公司、企业中国家工作人员认定的探讨"，载《政治与法律》2001 年第 6 期。

19．吕天奇："商业贿赂犯罪构成的若干新问题研究"，载《现代法学》2006 年第 5 期。

20．卢建平、张旭辉："商业贿赂的刑法规制——以私营部门为例"，载《法学杂志》2007 年第 1 期。

21．柳忠卫："商业贿赂犯罪客体解读"，载《华东政法学院学报》2006 年第 5 期。

22．李恩民："商业贿赂犯罪问题探讨"，载《新疆社科论坛》1998 年第 21 期。

23．薛瑞麟："犯罪客体的分类"，载《政法论坛》2007 年第 2 期。

24. 邵建东:“论私法在维护正当竞争秩序中的作用”,载《山西大学学报》(哲学社会科学版)2003 年第 3 期。

25. 石泰峰:“市场经济与法律发展”,载《中外法学》1993 年第 5 期。

26. 童伟华:“犯罪客体之新视野”,载《华侨大学学报》(哲学社会科学版)2006 年第 1 期。

27. 冯殿美:“关于职务犯罪的概念、特征和类型”,载《山东大学学报》(哲社版)1999 年第 6 期。

28. 孙谦、尹伊君:“国家工作人员职务犯罪论”,载《法学研究》1998 年第 4 期。

29. 陈家林:“日本刑法中的商业贿赂犯罪及对我国的启示”,载《山东警察学院学报》2006 年第 3 期。

30. 程应需、李正新:“试论商业贿赂的刑法规制”,载《广东外语外贸大学学报》2007 年第 4 期。

31. 王静:“商业贿赂的公司治理控制”,载《国家检察官学院学报》2007 年第 4 期。

32. 万国华、张小芳:“从公司治理法律制度角度探寻反商业贿赂途径”,载《南开学报》(哲学社会科学版)2006 年第 5 期。

33. 高艳东:“‘贿赂’范围的比较研究与新探”,载《河北法学》2004 年第 2 期。

34. 陈兴良:“受贿罪研究”,载陈兴良主编:《刑事法评论》(第 3 卷),法律出版社 2001 年版。

35. 赵军:“论我国刑法贿赂罪贿赂范围的重新界定——以《联合国打击跨国有组织犯罪公约》的要求为标准”,载《中国刑事法杂志》2003 年第 6 期。

36. 张明楷:“商业贿赂、回扣及相关条款的法律性质”,载《法律适用》2006 年第 9 期。

37. 田宏杰:“论商业受贿罪的危害及其司法适用”,载《法律适用》2006 年第 9 期。

38. 郑鹏程、刘长云:“论我国反商业贿赂法律制度的缺陷及其完善”,载《时代法学》2007 年第 1 期。

39. 张露藜:“论国家豁免中商业交易的认定”,载《现代法学》2006 年第 2 期。

40. 齐文远、童德华:“对商业贿赂概念的再思考”,载《人民检察》2007 年第 19 期。

41. 王洪青:“商业贿赂犯罪的概念及法律适用对策——以《中华人民共和国刑法修正案》(六)第 7 条、第 8 条为视角”,载《法律适用》2006 年第 9 期。

42. 肖中华:“论受贿罪适用中的几个问题”,载《法学评论》2003 年第 1 期。

43. 潘爱民、许建琼:“受贿罪认定中的几个疑难问题”,载《人民检察》2001 年第 11 期。

44. 刘明祥:“规定‘为他人谋取利益’系现实所需”,载《检察日报》2003 年 7 月 23 日第 7 版。

45. 邓中文、张万兵:“论商业贿赂的刑法治理”,载《东岳论丛》2007 年第 6 期。

46. 赵秉志:“国际社会惩治商业贿赂犯罪的立法经验及借鉴”,载《华东政法学院学报》2007 年第 1 期。

47. 徐孟洲、叶姗:“经营者论:基于经济法规范与原理的分析”,载《现代法学》2007 年第 5 期。

48. 徐逸仁:“也谈国有公司、企业的范围——浅议若干犯罪主体存在的问题”,载《上海大学学报》(社会科学版)2007 年第 2 期。

49. 刘大洪:“论市场经济条件下中国国有企业及国有企业法”,载《法律科学》1997 年第 3 期。

50. 贾宇、舒洪水:“论刑法中‘国有公司’及‘受委派从事公务的人员’之认定”,载《法学评论》2002 年第 3 期。

51. 魏昌东、徐欢:“国有公司刑事司法认定的标准”,载《人民检察》2005 年第 1 期(下)。

52. 钱颖一:“市场与法治”,载《经济社会制度比较》2000 年第 3 期。

53. 唐晋伟:“德国商业贿赂的经济法规制及其对我国的启示”,载《南京工业大学学报》(社会科学版)2007 年第 3 期。

54. 程宝库、欧阳福军:“论我国反商业贿赂立法之缺失与完善”,载《政法学刊》2006 年第 3 期。

55. 周家贵:“商业贿赂行为及其法律管制”,载《法律科学》1995 年第 2 期。

56. 安宁:“我国商业贿赂民事责任制度的不足与完善”,载《南开学报》(哲学社会科学版)2006 年第 5 期。

57. 唐稷尧:“我国经济犯罪的立法模式选择——兼谈空白罪状内涵的解释与补充”,载《四川师范大学学报》(社会科学版)2006 年第 6 期。

58. 古丽阿扎・吐尔逊:“反商业贿赂犯罪立法评析”,载陈兴良主编:《刑事法评论》2007 年第 1 期。

59. 谭淦:“论商业贿赂罪的立法完善”,载《深圳大学学报》(人文社会科学版)2007 年第 3 期。

60. 张淑瑛:“‘反商业贿赂犯罪’聚焦四大问题”,载《检察日报》2006 年 3 月 26 日第 4 版。

61. 周振杰:“美国反商业贿赂的经验与启示”,载《中国党政干部论坛》2006 年第 6 期。

62. 黄渝景:“论对商业贿赂犯罪的刑罚配置”,载《政治与法律》2006 年第 5 期。

63. 龚明礼:“简析受贿罪主体”,载《宁夏社会科学》1996 年第 2 期。

64. [德]托马斯・莱塞尔:“德国商法典的最新变革”,常鸿宾、刘懿彤译，载《法学家》1998 年第 4 期。

65. 张复友："商业受贿罪主体的界定"，载《中国律师》2002 年第 2 期。

66. 王礼仁："我国贿赂犯罪的立法现状与完善"，载《法学评论》1997 年第 1 期。

67. 唐稷尧、王燕莉："中外公务受贿罪与商业受贿罪之比较分析"，载《四川师范大学学报》(社会科学版)2005 年第 9 期。

68. 李居全、胡学相："犯罪概念的哲学思考"，载《中国法学》2004 年第 2 期。

69. 黄柳："对公司、企业人员受贿罪犯罪主体问题的思考"，载《前言》2004 年第 3 期。

70. 蒋安杰、李立："反商业贿赂三人谈"，载《法制日报》2006 年 8 月 31 日第 9 版。

71. 柳忠卫："商业贿赂犯罪客体解读"，载《华东政法学院学报》2006 年第 5 期。

72. 陈京春、王婧华："临床医生收取红包行为的性质"，载《华东政法学院学报》2006 年第 5 期。

73. 卢勤忠："《刑法修正案(六)》视野下我国商业贿赂犯罪的立法完善"，载《华东政法学院学报》2006 年第 5 期。

74. 游伟："商业贿赂犯罪的侦查管辖与证据效力"，载《华东政法学院学报》2006 年第 5 期。

75. 郭道晖："权力的多元化与社会化"，载《法学研究》2001 年第 1 期。

76. 冯亚东："刑法学研究的层面划分"，载《法学研究》2001 年第 3 期。

77. 龚培华："商业贿赂犯罪研究"，载《法学》2006 年第 7 期。

78. 阮传胜："建议设立公司、企业、其他组织人员受贿罪"，载《法学》2003 年第 10 期。

79. 陈刚:“法治社会与人情社会”,载《社会科学》2002 年第 11 期。

80. 李洁:“受贿罪法条解释与评析”,载《河南省政法管理干部学院学报》2003 年第 5 期。

81. 龙宗智:“论我国转型期规制经济犯罪的刑事政策”,载《法学》2005 年第 1 期。

82. 罗洪洋:“腐败何以不为‘罪’——对中国传统社会官员贪贿横行的法文化解释”,载《法制与社会发展》2007 年第 1 期。

83. 曲新久:“惩治商业贿赂的基本思路”,载《华东政法学院学报》2006 年第 5 期。

84. 龙宗智:“论司法改革中的相对合理主义”,载《中国社会科学》1999 年第 2 期。

85. 梁根林:“论犯罪化及其限制”,载《中外法学》1998 年第 3 期。

86. 郭健、郭书山:“《刑法修正案(六)》第七条和第八条之研讨”,载《河南省政法管理干部学院学报》2007 年第 3 期。

87. 任建明:“策略:实现治理商业贿赂目标的严肃议题”,载《检察日报》2006 年 9 月 18 日第 11 版。

88. 魏昌东、陈磊:“商业贿赂罪:从学理罪名向法定罪名之转化——兼论中国刑法商业贿赂罪的立法设计”,载《首都师范大学学报》(社会科学版)2006 年第 6 期。

89. 卢建平、张旭辉:“商业贿赂的刑法规制——以私营部门为例”,载《法学杂志》2007 年第 1 期。

90. 万金冬、朗俊义:“《联合国反腐败公约》关于私营部门内腐败犯罪的规定及启示”,载《中国人民公安大学学报》2005 年第 1 期。

91. 李卫红、王国宏:“论商业贿赂犯罪”,载《中外法学》1996 年第 2 期。

92. 工鑫、韩轶:“商业贿赂犯罪主体的分析与立法完善”,载

《国家检察官学院学报》2007 年第 2 期。

93．絳锦温：“关于治理商业贿赂的若干问题”，载《法律适用》2006 年第 9 期。

94．柯葛壮、张亚杰：“论惩治商业贿赂的制度缺失及完善”，载《政治与法律》2007 年第 3 期。

95．何承斌：“论我国贿赂犯罪体系的重构——以《联合国反腐败公约》为中心”，载《现代法学》2006 年第 6 期。

96．丛萍、王军、杨明来：“商业贿赂行为的界定”，载医药知识产权保护网：http://www.511511.com，访问日期：2006 年 4 月 30 日。

97．吴天云：“论没收犯罪所得应否扣除成本——兼评‘最高法院’九十三年度台上字第二八八及三一九九号判决”，载《月旦法学杂志》2006 年第 2 期。

98．Franklin A. Gevurtz, Commercial Bribery and the Sherman Act: the Case for Per se Illegality, University of Miami Law Review, November, 1987.

三、学位论文类

1．张斌：“关于中国足球‘黑哨’的刑法分析”，中国政法大学 2005 届刑法学硕士毕业论文。

2．罗彩荣：“论商业贿赂行为及其法律防范”，华中师范大学 2003 届经济法学硕士论文。

3．于晋：“论市场竞争中的商业贿赂行为”，山西大学 2004 届刑法学硕士论文。

4．魏磊：“商业贿赂行为研究”，郑州大学 2003 届经济法学硕士论文。

5．沈健：“商业贿赂及其治理对策研究”，苏州大学 2005 届法律硕士论文。

6. 李力:“商业贿赂行为法律规制研究”,郑州大学2005届民商法学硕士论文。

7. 吴喆:“论《反不正当竞争法》对商业贿赂的规制”,苏州大学2006届刑法学硕士论文。

8. 赫长虹:“论我国商业贿赂行为的法律认定”,对外经济贸易大学2006届国际法学硕士论文。

9. 王晓航:“商业贿赂的法律规制研究”,郑州大学2006届经济法学硕士论文。

10. 李南:“反商业贿赂研究”,西南政法大学2006届经济法学硕士论文。

11. 谢沂嵘:“跨国公司在中国的反商业贿赂困境及其破解”,华东政法学院2006届经济法学硕士论文。

12. 潘丽:“反商业贿赂的法律问题研究”,东北财经大学2006届经济法学硕士论文。

13. 刘玉华:“商业贿赂犯罪刑事立法研究”,西南政法大学2007届法律硕士论文。

14. 肖桦:“商业贿赂犯罪研究”,湖南大学2007届刑法学硕士论文。

15. 周颖江:“论我国反商业贿赂法律制度的完善”,湖南大学2007届法律硕士论文。

16. 张成宝:“商业贿赂犯罪若干问题研究”,兰州大学2007届法律硕士论文。

17. 张杰:“商业贿赂犯罪若干问题研究”,郑州大学2007届法律硕士论文。

18. 徐炜:“论我国反商业贿赂立法的缺失与完善”,华中师范大学2007届经济法学硕士论文。

19. 曹际涛:“我国商业贿赂民事责任制度研究”,西南财经大学

2007 届经济法学硕士论文。

20. 丁相梅:“商业贿赂犯罪论”,山东大学 2007 届法律硕士论文。

21. 熊小芳:“商业贿赂犯罪若干问题新研究”,上海社会科学院 2007 届刑法学硕士论文。

22. 魏礼勇:“反商业贿赂行为法律问题研究”,安徽大学 2006 届经济法学硕士论文。

23. 韦玉成:“论商业贿赂的法律规制”,兰州大学 2006 届经济法学硕士论文。

24. 张来来:“商业贿赂犯罪研究”,山东大学 2007 届法律硕士论文。

25. 马冬梅:“商业贿赂犯罪研究”,中国政法大学 2007 届刑法学硕士论文。

26. 朱峥峰:“论商业贿赂犯罪的社会控制”,武汉大学 2007 届刑法学硕士论文。

27. 宁建新:“商业贿赂犯罪研究”,武汉大学 2007 届刑法学硕士论文。

28. 李婉:“论商业贿赂犯罪”,武汉大学 2007 届刑法学硕士论文。

29. 胡庆海:“商业贿赂犯罪研究”,武汉大学 2007 届刑法学硕士论文。

30. 徐念沙:“国有独资公司治理结构的法律分析”,中国政法大学 2003 年博士学位论文。

图书在版编目(CIP)数据

商业贿赂犯罪疑难问题研究 / 杨志琼著. —北京:法律出版社,2010.12
ISBN 978-7-5118-1394-7

Ⅰ.①商… Ⅱ.①杨… Ⅲ.①商业—贪污贿赂罪—研究—中国 Ⅳ.①D924.392.4

中国版本图书馆 CIP 数据核字(2010)第 207978 号

责任编辑/贾 菲　装帧设计/马 帅

出版/法律出版社　编辑统筹/学术·对外出版分社
总发行/中国法律图书有限公司　经销/新华书店
印刷/固安华明印刷厂　责任印制/吕亚莉

开本/A5　印张/7.25　字数/170 千
版本/2010 年 12 月第 1 版　印次/2010 年 12 月第 1 次印刷

法律出版社/北京市丰台区莲花池西里 7 号(100073)
电子邮件/info@lawpress.com.cn　销售热线/010-63939792/9779
网址/www.lawpress.com.cn　咨询电话/010-63939796

中国法律图书有限公司/北京市丰台区莲花池西里 7 号(100073)
全国各地中法图分、子公司电话:
第一法律书店/010-63939781/9782　西安分公司/029-85388843　重庆公司/023-65382816/2908
上海公司/021-62071010/1636　北京分公司/010-62534456　深圳公司/0755-83072995

书号:ISBN 978-7-5118-1394-7　定价:25.00 元
(如有缺页或倒装,中国法律图书有限公司负责退换)